山东博物馆

主　编：于秋伟

副主编：李　宁

撰　稿：李　宁　李　栋　井　娟　史春月　宋爱平

王冬梅　卫松涛　周浩然　周婀娜　朱　华

鲍艳囡

摄　影：阮　浩

中国青年出版社

（京）新登字083号

图书在版编目（CIP）数据

山东博物馆镇馆之宝/于秋伟主编. —北京：中国青年出版社,2016.8
（中华馆藏镇馆之宝丛书）

ISBN978-7-5153-4486-7

Ⅰ.①山... Ⅱ.①于... Ⅲ.①博物馆–文物–介绍–山东 Ⅳ.①K872.52

中国版本图书馆CIP数据核字（2016）第220292号

出版发行：中国青年出版社
社　　　址：北京东四十二条21号
邮政编码：100708
网　　　址：www.cyp.com.cn
编辑电话：(010) 57350519
选题策划：韩亚君
责任编辑：张　皓　cypzhanghao@163.com
门市部：(010) 57350370
印　　　刷：鸿博昊天科技有限公司
经　　　销：新华书店

开　　　本：710×1000 1/16
印　　　张：16.5
字　　　数：190千字
版　　　次：2016年10月北京第1版第1次印刷
定　　　价：50.00元

本图书如有印装质量问题，请与出版部联系调换
联系电话：(010)57350337

序

　　山东博物馆成立于1954年，是新中国第一座综合性地志博物馆，作为新中国博物馆建设的试点单位，文化部、文物局以及众多文物专家先后来到山东博物馆指导工作，郭沫若还题诗两首，山东博物馆馆名即由此而来。

　　山东博物馆馆址位于济南道院和广智院旧址，分别在济南上新街51号和文化西路103号，1992年迁至千佛山馆，2010年位于济南经十路11899号的新馆建成开放，展馆总面积8.29万平方米，展览面积2万余平方米，其中常设展览11个，临时展厅8个。作为全省文物收藏中心，馆藏文物达139277件(套)，三级以上珍贵文物74309件，其中一级文物3401件。文物品类多样，包括陶器、瓷器、青铜器、玉器、书法、绘画、古籍善本、甲骨、竹简、漆器、印章、封泥、砖瓦、陶文、钱币、服饰等门类，尤以陶器、青铜器、书画、甲骨、简牍、汉画像石、古籍善本等收藏最具特色，形成完整的文物收藏体系。

　　但是在镇馆之宝活动开展之前，山东博物馆因为一直没有"文物代言人"而引起诸多尴尬，为了弥补这个缺憾，山东文物局组织实施了镇馆之宝评选活动，聘请省内文博专家，同时面向社会，让市民参与投票，采用专家意见与群众投票结合的方式评选山东博物馆的"镇馆之宝"。山东博物馆从馆藏文物中精选出50件候选文物，再由专家评审组从中推选30件文物交给观众和网友投票评选。

经过评选，亚醜钺（商）、九旒冕（明）、《孙子兵法》与《孙膑兵法》竹简（汉）、蛋壳黑陶杯（新石器时代龙山文化）、红陶兽形壶（新石器时代大汶口文化）、甲骨文（商）、颂簋（周）、郑燮《双松图》轴（清）、鲁国大玉璧（战国）、东平壁画（汉）入选山东博物馆十大镇馆之宝，另外，还评选出了四项特别奖：中外游客最喜爱奖——运河漕船（明）、最具听觉冲击力奖——"天风海涛"琴（明）、最具故事情节奖——蝉冠菩萨像（东魏）、最具视觉冲击力奖——戗金云龙纹朱漆盝顶箱（明）。

在山东博物馆镇馆之宝中，最引人注目的是山东邹城明代鲁王朱檀墓中的出土文物，除了三件入选外，其同时出土的宋、元画作和服饰同样是珍稀之宝。新石器时代的陶器有蛋壳黑陶杯、红陶兽形壶入选，数量不多，堪称山东地区新石器时代文化发达的缩影，尤其蛋壳黑陶杯更是前无古人后无来者的巅峰之作。商代山东西部非常繁荣，虽然尚缺乏关键证据，但是目前有证据表明，商族在东方发迹，其早期活动区域应包括鲁西南的大部地区，亚醜钺是商人势力东渐的证物。周代山东诸侯国林立,鲁国大玉璧出土于曲阜鲁故城,体现出鲁国重礼的习俗。颂簋出土于陕西,体型厚重,铸造精美,入藏山东博物馆,其流传经历非常曲折,背后藏着一段尚不为人知的传奇故事。汉代的山东经济发达,文化繁荣,人口稠密,这里出土的《孙子兵法》和《孙膑兵法》竹简解开了失传1700多年的千古之谜。精美绝伦的东平汉墓壁画成为山东汉代画像的代表。蝉冠菩萨像也是这样的情况,山东地区北朝单体佛造像的精美举世瞩目,加上其流浪异乡的曲折经历,更让这件精美的艺术品充满了传奇色彩!汉代以后,山东成为政权争战的主战场,世家大族纷纷南迁,加上黄河改道淹没了山东西部的大片良田,人民流离失所,山东地区的辉煌不再。直到明清时期,经过几次大移民,山东才逐渐恢复往日的繁荣,这段历史本书中也可以看到。

山东博物馆

镇馆之宝

目录

CONTENTS

镇馆之宝

目录

CONTENTS

❶ 神秘的八角星
——大汶口文化八角星纹彩陶豆

文物级别：一级

材　　质：陶

制造年代：大汶口文化（距今6200—4500年）

外形参数：口径26厘米，足径14.5厘米，通高28.4厘米

出土时间：1978年出土于山东泰安大汶口遗址

收藏情况：现陈列于山东博物馆"山东历史文化展·史前"展厅

推荐理由：八角星纹彩陶豆构图对称，运用复彩技法展现出变幻而有节奏
　　　　　的韵律，色彩对比强烈，寓意引人深思，堪称彩陶艺术珍品

八角星纹彩陶豆，泥质红陶，豆盘
为圆唇斜口、深腹，喇叭形高圈足。腹
和圈足部位施深红色陶衣，斜口沿面绘
白色彩地，其上用褐、红等彩色绘出半
月形与若干竖线段相间组成的图案，腹
部用白彩在深红色陶衣之上绘5个方心
八角星状纹样，各八角星之间同样用两
列白彩竖线段间隔；圈足部位绘两圈褐
色彩带，彩带之上用白彩绘贝形纹样。
八角星纹彩陶豆是一件典型的大汶口文
化彩陶器。

　　在国家博物馆里，陈列着这样一件展品，一个看起来其貌不扬的罐子，一个出自上万年前的原始先民之手的普通陶器，但是它却被权威人士称为"天下第一罐"，被视为价值连城的国宝，与法国罗浮宫的镇馆之宝——胜利女神雕像、断臂维纳斯和《蒙娜丽莎》相比肩。后三者可以说是世人皆知，但我们先人制作的"天下第一罐"会有多少人知道它的价值？又会有多少人在它面前驻足呢？

　　为什么一件在常人眼中极为普通的陶器，会有如此高的地位呢？

　　陶器，是人类第一次利用黏土的物理性能创造出来的新物品，陶器的发明一般被作为进入新石器时代的一个重要标志来看待。它的标志性意义远远胜于它的实用价值。或许人们意识中认为，陶器是人们日常生活中的必需品，盘、盆、罐，随处可放，随手可弃，陶器的日常用具属性遮掩住了它是人类文明向前迈进一大步标志的光环。

　　在离江西省遥远的胶东半岛上，随着三次考古挖掘工作的展开，先是碎片，之后是完整的、精美的整器展现在世人面前，为人们揭开了汶河边上的大汶口文化文明的曙光。

汶河边上的文明霞光

　　山东泰安大汶口遗址，是新中国成立以来发现的新石器时代晚期大汶口文化的代表性遗址之一，先后经过三次规模较大的发掘。

1959年5月，宁阳县兴修津浦铁路复线工程，在汶河南岸宁阳县堡头村村西一带，暴露出一部分遗物。济南市文化局根据宁阳县文化部门的反映，立即派济南市博物馆的同志前往，发掘证明此为一处集中的氏族公共墓地。这次发掘主要在整个遗址东南部进行，也是一次抢救性发掘。发掘工作自1959年6月24日始，8月底结束，揭露面积5400平方米，发现新石器时代墓葬133座，时代属于大汶口文化中期和晚期阶段，绝对年代在5500～4600年。出土了一批特征明显的随葬器物，其中陶器1000多件，

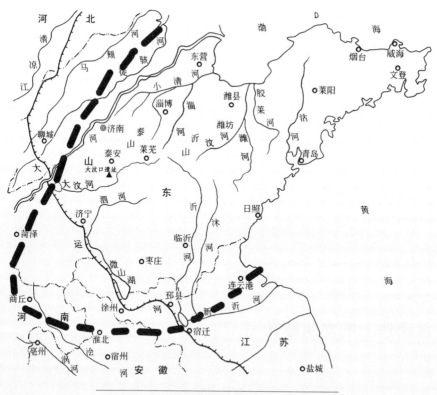

大汶口文化 地理位置示意图及大汶口文化分布范围示意图

红、黑、灰、白陶都有，还有精美的彩陶，石器、骨器也十分丰富，特别是一部分玉器和象牙器，制作相当精美，这批遗物的出土，一度引起考古界的普遍关注。60年代前期依据这批资料，确立了"大汶口文化"的命名。

时隔15年，1974年，为配合泰安至兖州公路的修建工程进行了第二次发掘。此次发掘主要集中在今卫家庄村南紧靠汶河北岸一带，即遗址的西北部，出土了一批年代较第一次发掘更早的房基、灰坑、墓葬等遗迹，以及丰富的陶、石、骨牙器等文化遗物，为探索大汶口文化的渊源及其谱系提供了一批新鲜资料。

1978年春、秋两季，在该遗址进行了第三次发掘。这次发掘工作是在泰兖公路汶河桥北端引桥的东西两侧进行的。发现了大汶口文化早期墓地中存在着分组埋葬现象及出土了一批随葬器物相当丰富的早期大墓，为研究大汶口文化早期的社会结构和形态变化提供了新线索。

大汶口遗址的发现、发掘，不仅确立了一支新的考古学文化，为海岱地区龙山文化找到了来源，改变了人们长期以来形成的仰韶、龙山文化相互关系的传统看法和观念，而且对于引导人们关注史前时期的社会形态和阶级、文明、国家的产生等，也有着极为重要的意义。

考古学文化通常是指属于一定时期、分布在一定地域、具有一定特征的实物遗存的共同体。一个考古学文化包括不同的文化因素，例如某几种特定类型的住宅、墓葬、工具、陶器和装饰品以及某些特定的工艺技术等。每个考古学文化的内容是一个有机的整体，显示其背后有着共同的文化传统。山东地区史前文化的发展序列先后有：

大汶口遗址 1959年发掘场景

大汶口遗址 1974年发掘场景

大汶口遗址 1978年发掘场景

后李文化	距今 8500 ~ 7500 年
北辛文化	距今 7300 ~ 6400 年
大汶口文化	距今 6000 ~ 4000 年
龙山文化	距今 4350 ~ 3950 年
岳石文化	距今 3900 ~ 3500 年

神秘的八角星纹

1. 大汶口文化花纹图案众多

　　大汶口文化是新石器时代晚期考古学文化的典型形态，处于中国陶器艺术发展的转变时期。以陶器装饰为例，这一时期的陶器纹样逐渐由生动形象的动物图案转化为抽象的几何印纹。依照时间发展序列，可以分为早、中、晚三个阶段。

　　大汶口文化早期陶器的纹样母题多数是优美而流畅的弧带、垂弧、直边三角、弧边三角、圆点、圆圈、双弧、直（斜）线、折线、折括、回纹、菱形、八角星、连山、双角形、斜栅形、网纹等几何纹样。另外还有勾叶、花叶、草木纹等植物纹样。其显著特点是折线纹样的出现。

　　而纹样的图案除了少数简单器物之外，绝大多数都是两种或两种以上的纹样母题组合形成连续的带状纹样图案，绘于器物最醒目的位置，一般在肩、腹部，多数为一条纹样带，个别的有两条。有的还在某些器物的宽沿上，加绘一些简单醒目的纹样图案。依其所处位置的重要程度，前者可

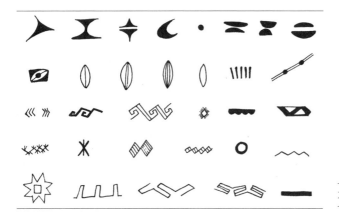

大汶口文化早期纹样母题

大汶口文化早期纹样

以称为主题图案，后者一般称之为附属图案。

关于这些几何纹的含义、起因和来源，考古界、美术界颇有争论，至今乃是中国艺术史之谜。

占据主流的观点是，新石器时代主要的几何形图案花纹是由早期的动物图案演化而来：如半坡类型彩陶直线形纹饰是由鱼纹变化而来的，庙底沟类型彩陶螺旋形纹饰是由鸟纹变化而来的，北方波浪形的曲线

大汶口文化中期纹样

大汶口文化晚期纹样

纹和垂幛纹是由蛙纹演变而来的。

换言之，新石器时代的抽象概括的几何形图案花纹是从写实具体的动植物纹样转化而来。这反映了远古人类审美的变化，也满足了史前陶器纹样作为一种标志，清晰、容易辨认，方便制作和复制的需求。

到了大汶口文化中期阶段，彩陶的比例并没有增大，反而有下降的趋势。与早期阶段相比，彩陶制作无论是纹样母题的种类还是构图的形式和图案，都发生了较大的变化，单个纹样被较为复杂的组合纹样取代，背三角、对弧、连山、双角形、折括、鱼鳞纹等，到中期阶段已不再出现；曲线的运用增加，出现了一部分纹样母题，如水波、连珠、扁"U"字形、纽索和成组的弧线纹等；即使是早中期都存在的母题，在数量和表现形式上，也存在较大的差别。如早期十分流行的较为简单、写实的弧边三角、花叶、圆点等，到中期虽然仍可见，但数量甚少，已失去了往日的风采。代之以网纹、斜栅等较为复杂的组合纹样，尤其是网纹装饰，俨然占绝对优势，且表现形式也多姿多彩。这一变化反映了当时彩陶纹饰的发展，更加完备、精细的陶器纹样渗透了远古人类独特的审美情感。

　　大汶口文化晚期阶段，许多遗址已不见彩陶，即使有所发现，也是数量极少，到大汶口文化转变为龙山文化之前，彩陶基本上就从海岱地区的历史舞台上消失了。随着数量的急剧减少，这一时期彩陶的纹样母题和图案，较之大汶口文化中期阶段迅速衰退，又有所变化。纹样母题大为减少，如富有特色的斜栅图案，此时不复存在，各类网纹亦没有发现。保留的纹样也多有变化，如菱形纹变为大菱形套 4 个小菱形的形式，排列密集。新出现了其他纹样，如结构复杂的涡纹。

2. 众说纷纭的八角星

　　在诸多花纹图案中，八角星纹可以说是非常有代表性的图案。据已有的器物来看，八角星图案分布的区域较广，见于大墩子、大汶口、野店、王因、西夏侯、北庄等遗址。这些遗址多坐落在汶、泗河流域，由于在渤海海峡之中的岛屿上也发现了八角星图案，所以位置居于它们之间的泰沂山脉北侧和沂沭河流域的广大区域，也应该存在这种纹样，只是这两个区域基本上没有大汶口文化早期阶段遗存的考古工作，故未能发现。八角星

大汶口文化八角星纹

大汶口遗址出土的另一件八角星纹彩陶豆

江苏邳州出土的八角星纹彩陶盆

图案器物出土量不多，累计不到 10 例。

八角星图案始见于大汶口文化早期阶段后期，延续到中期阶段前期，使用时间在 300 年左右。早、中期阶段的八角星纹，在用彩、构图方法和图形方面完全相同。中期阶段的图案以八角星为主体，两星之间以双竖线相隔。中期阶段的图案八角星所占面积减少，其间插进了连续的大圆圈。除了表现为彩陶纹样之外，这种八角星纹还被刻画于陶纺轮之上。

八角星纹作为装饰性题材主要见于豆和盆，除本文述及的这件彩陶豆以外，大汶口遗址还出土了一件几乎相同的八角星纹彩陶豆。两件器物沿面与腹部相同，只在圈足深褐色彩带上用白彩绘一圈连续折线几何纹。较之文中这件略小，通高 26.4 厘米、口径 24.4 厘米、足径 15 厘米。

大汶口遗址出土八角星纹彩陶盆

与彩陶豆同出的还有一件八角星纹彩陶盆。

这种八角星纹在其他遗址也有发现。比如山东邹县野店出土的一件八角星纹彩陶盆，泥质红陶。再如江苏邳州大墩子遗址的八角星纹彩陶盆，泥质红陶。

关于八角星纹的含义，许多人认为是表示光芒四射的太阳。

山东大学著名考古学教授栾丰实认为，豫中地区仰韶文化中出土过一些六角星彩陶纹样，中间为圆圈，有的还在内中加一圆点，这种图案用来寓意太阳还说得过去，但是大汶口文化的八角星图案，中间为方心，用方心表示太阳于理不通。他依从安徽含山凌家滩遗址出土的玉版上的八角星图案推测，内中的小圆圈代表太阳，两重圆圈之间的 8 条箭头既表现太阳的光芒，也表示八方；外侧的大圆圈象征着天空，其外的 4 个箭头则表示四方，4 条边上的八角星则表示八方。外侧为天，内心是地，双重的四面八方，两者合起来就是一个完整的概念——天圆地方。所以栾教授认为，八角星图案的含义并非太阳，而是大地的象征。

还有人因为如此精美的彩陶器具不可能是实用器，只可能用来祭祀，所以认为八角星纹跟巫术有关，是一种祭祀符号，或者图腾的代表。

关于八角星纹，另有专家认为是远古的九宫图：十字纹指向东、南、西、北，中间为中宫，4 个隐性的角为东南、西南、西北、东北，即一幅完整的盖天图。(《中国天文考古学》，第八章第一节) 九宫图有一定道理，但也有比较勉强的地方，譬如八角星的象征性，缺乏准确合理的解释。

3. 彩陶纹样的象征含义

彩陶上的图案花纹是用来装饰陶器的，但彩陶花纹的题材和样式却不是任意选择的，而是大多具有一定的意义，反映了当时的原始文化。

以彩陶纹样中较为常见的鱼纹和鸟纹为例。仰韶文化华山以西的泾、渭流域的彩陶纹样以鱼纹为主。发源于这一区域的周族流传着关于鱼的传说。《淮南子》载："后稷垅在建木西，其人死复苏，其半鱼在其间。"后稷死后变为半人半鱼，人鱼寓为一体，含有返祖为鱼之意。而《诗经》中也反复地将鱼在水中悠闲自在用来象征周王生活安乐，这都包含了周人以鱼为图腾的痕迹。

仰韶文化在黄河中、下游地区的陶器装饰中以鸟为主要题材。这一地区的文献中也有一些以鸟为氏族图腾的传说和记载。如《诗经》："天命玄鸟，

邹县野店遗址出土八角星纹彩陶

凌家滩玉

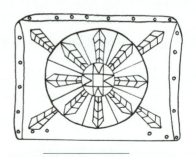

凌家滩玉版八角星纹

降而生商。"这也可以看作是图腾艺术在彩陶图案中的反映。

除了具有图腾性质的纹样外,还有一些象生性的动物花纹,如半坡类型晚期彩陶上的猪面纹,可能有着辟邪以求吉祥的含义。《易经》载"豮豕之牙吉",就是半坡类型彩陶猪面纹的很好的注解。

而半坡彩陶中广为人知的人面鱼纹,以及半山和马厂彩陶中一些绘有胡须的人面纹或人像,已可看作是人格化的动物神,其含义已具有祖先崇拜的意义。

到了原始社会后期,由于农业和畜牧业的产生和发展,人们意识到天体及其呈现的气象变化同农、牧业生产有着密切的关系,从而兴起了天体崇拜,而在天体中以太阳最为人们所注目。我们在郑州出土的大河村的彩陶和辛店文化的彩陶上都能发现绘有太阳纹的彩陶。这些彩陶是原始部族太阳崇拜的反映。

纵观彩陶艺术的发展,每一种彩陶纹样背后都蕴含着先民的创造与想象,就像八角星纹那样遮着一层神秘的面纱,等待着我们解读和发现,吸引着观众流连忘返,不忍离去。或者,考古工作的魅力正在于此,正是因为有着许多未知,才激发我们不断进取,努力工作,争取早日解开谜团,为前人的研究疑点找出答案,为历史的发展填补空白。

本篇撰稿人:史春月

❷ 憨态可掬的陶器杰作

——大汶口文化红陶兽形壶

文物级别：一级

材　　质：陶

制造年代：大汶口文化（距今4500—6200年）

外形参数：高21.6厘米

出土时间：1959年出土于大汶口文化遗址

收藏情况：陈列于山东博物馆"山东历史文化展·史前"展厅

推荐理由：红陶兽形壶造型独特，色彩艳丽，集实用与远古造型艺术于一身，体现了山东
　　　　　地区大汶口文化独特高超的制陶工艺和水平，为大汶口文化时期的代表之作

　　红陶兽形壶，通体呈站立的猪形，圆面耸耳，拱鼻，张口，耳穿小孔，四肢粗壮，短尾上翘，背装弧形提手，尾部一筒形注水口，嘴可往外倒水，腹部鼓起，加大了容积，四足立起可供加热，使用方便，造型美观生动，逗人喜爱，集实用与仿生艺术于一身，是大汶口文化独有的器型。通体磨光，遍施红色陶衣，鲜亮油润，夹砂红陶制成。该器是站立的动物形象，头部和肥壮的身体像猪，而四肢和上翘的尾巴却又像狗，因此统称为兽形。

红陶兽形壶的造型像是胖胖的小猪，拱着鼻子，张着嘴巴，耳穿小孔，短尾上翘，憨态可掬。无论从哪个角度观赏红陶兽形壶，人们都会为它朴拙可爱的外形而忍俊不禁，忍不住有上手把玩一番的冲动。我们在喜爱它生动可爱的造型时，更感叹它极具实用性的巧妙构思，充满了创造性的灵感。当时的先民从陶壶尾部圆筒形的注水口注水，用水时通过"小猪"张着的嘴巴倒出，同时背部制作了便于提携的拱形提梁。壶的所有用途巧妙地融入造型中，是大汶口文化时期先民们生活体验和艺术智慧的结晶，代表了当时陶塑造诣的最高水平，是 5000 年前难得的一件艺术珍品。

红陶兽形器在新石器时代中发现不多，山东博物馆所藏的这件兽形壶雕塑自然生动，几近天人合一。从造型上可以看出，大汶口文化的先民们已经掌握了动物各部位的比例结构和体形特征，是家畜饲养业在原始造型艺术上的生动反映。

发现经过难忘，外形萌萌

1959 年，在大汶口遗址的第一次发掘中（具体发掘工作请参见本书上一篇的内容），出土了许多新颖、精美的随葬品，墓葬和随葬品向人们展示了一套全新的文化面貌。133 座墓葬中出土了大量珍贵文物，如精美的彩陶、洁净的白陶、典雅的黑陶、风格独特的灰陶等；华丽的象牙雕筒和

骨雕筒、精美绝伦的雕花象牙梳；种类繁多、工艺上乘的针、锥、束发器、匕、笄、矛、镖、鱼钩、獐牙勾形器等；制作精细的玉、石武器和工具，磨制光润的玉、石质臂环、指环等，漂亮成组的环、片、珠、管状头饰和颈饰。此外，还发现数量众多的猪头、猪下颌骨、猪牙、獐牙和其他动物骨骼。

红陶兽形壶就出土于此次发掘的大型墓葬中，是大汶口文化众多精美器物中的杰出代表。

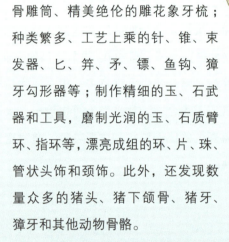

玉串饰

山东博物馆藏

玉串饰、镶松石骨雕筒

山东博物馆藏

红陶兽形壶（发掘报
告中称之为红陶兽形器）
出土于大汶口遗址墓地墓
9中，时代为大汶口文化
中期，是一座随葬品丰富
的大型墓葬。随葬陶器数
量较多，鼎、罐成组，大
小形制也一样。石制工具
较多，一起出土的还有很
多骨、牙料。放于坑底的
还有罐、杯、豆、小石锛、

指环、蚌片、壶、鼎、罐、盂等，
随葬器物达七十余件。

那么这件红陶兽形壶渊源何
在，所为何用呢？

根据红陶兽形壶的形制特点，
我们认为它与大汶口文化的实足陶
鬶非常相似，应该是由实足陶鬶发
展变化而来，或是实足鬶的一个变
体，所以也有人称为"猪鬶"或"狗
鬶"。尤其是它与胶县三里河遗址
出土的猪形陶鬶、狗形陶鬶如此之

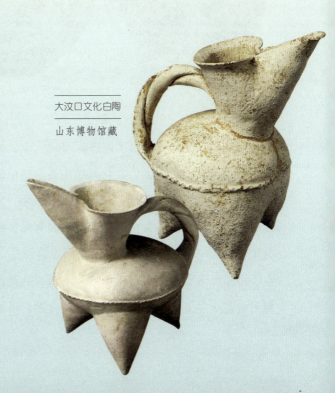

大汶口文化白陶

山东博物馆藏

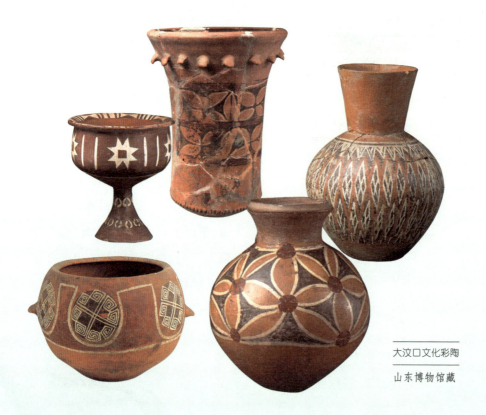

大汶口文化彩陶
山东博物馆藏

相似，更为它是陶鬶提供了佐证。

陶鬶是大汶口—龙山文化系统中最富特色的典型器物之一。在这一系统，陶鬶不但出土数量最多，而且出现最早。尤其是实足鬶，可谓陶鬶的初期形制。在大汶口文化早期便已初具雏形，中期定型并大量涌现，成为典型器物之一，到龙山文化时期已很少见到。

山东地区出土的史前陶鬶残片上偶有残留的水垢，从中可以看出，陶鬶可能是一种温煮酒水的器具，温完之后，可以从前面的流直接斟入饮酒器中。因此，陶鬶可能具有温酒和斟酒两种功用。这件红陶兽形壶的用途也应该是如此，酒水可以从背部的注水口加入，温完之后，提起背部的把手，将温暖的酒直接从前部的流中缓缓倒出，看着就是一种享受。而器身用夹砂陶制成，可耐高温火烧，以便于炊煮加热之用。

狗形陶鬶

1974年山东省胶州市三里河遗址出土。长26厘米，高21.5厘米。夹砂褐陶，兽首前伸上昂，双耳立耸，张口露齿，双目前视，做引颈吠叫状。体较肥，四肢粗壮，从后部看，应有尾，现已残失，尾下有凸圆形肛门及雄性生殖器，背上有圆柱形器注水口，口后有环形宽带，两侧饰锯齿纹。整个造型合理美观，反映出原始匠师把握狗最生动的瞬间进行造型的艺术风格。

猪形陶鬶

1974年山东省胶州市三里河遗址出土。高18.7厘米，长21.5厘米。夹砂灰褐陶，陶色与猪皮的颜色相似，整器呈猪形，猪身肥圆，短尾上翘，头部塑出嘴、鼻、眼，一对猪耳较小，嘴两侧獠牙外露，证明还存有野猪被驯化初期的原始性，而且显然是一头成年猪，形象逼真。四肢已失，体中空，尾脊耸立漏斗状鬶口，鬶一侧有喙状，也残，背上扁圆状把手，一端装于猪颈背间，另一端与鬶颈相接。

大汶口文化时期，出现了不少肖形的陶酒器，均制作精良，模仿惟妙惟肖，尤其是以猪、狗等与人们的生活密切相关的动物形象为多。物质是思想意识的反映，这些动物形陶鬶的出现既是大汶口人思想与精神追求的体现，也是当时社会发展水平、社会风俗的表征。

家畜饲养发达，酒风猎猎

大汶口文化时期，家畜饲养业经过数千年的发展，无论是家畜的种类还是饲养技术，都已经达到了一个较高的水平。家畜饲养不仅成为当时人们生活中肉食的重要来源，而且还可以提供皮毛和畜力。大汶口早期阶段家畜饲养业就已经相当发达，当时饲养的家畜种类主要是猪和狗。中晚期阶段，家畜饲养业进一步发展，猪的数量可以说是空前增多。从各种现象分析，以猪为代表的家畜已经升华为财富的象征，所以在许多遗址的墓葬里才会有大量整猪、猪头或猪下颌骨来随葬的现象。如大汶口墓地发现的 133 座墓葬中，有 43 座用猪头随葬，占墓葬总数的 1/3，其中一座墓葬就用了 14 个猪头。大汶口文化的三里河墓地的一座墓随葬猪下颌骨竟然多达 37 件。有的遗址中还发现有陶畜圈的模型以及整窝的幼猪骨骼，因此推测当时猪的圈养技术应该已经产生，反映了大汶口文化时期养猪业的兴盛。

大汶口文化发现了许多模仿家畜的器物和雕塑艺术品，如花厅遗址的猪形罐，尤其是胶县三里河遗址出土的猪形陶鬶、狗形陶鬶，与大汶口遗址的红陶兽形壶无论从器型、质地还是功能，都非常相似，有异曲同工之妙。这些特殊的器型当为当时人们精神信仰的一种体现，同时也证明了当时家畜饲养业的兴旺发达，而且家畜已经成为社会物质财富的重要来源，有效地保障和提高了大汶口文化居民的物质文化生活水平。

猪形罐

江苏新沂花厅遗址M21出土。长10.6厘米，高8.9厘米。泥质黑皮陶，塑成猪形，拱鼻，鼻上方有一对菱形小眼，口微张，短锥状四足，短双尾。体态肥壮，造型生动逼真。背部有一矮颈圆口，可注水。

随着生产水平的提高，粮食已经有了剩余。在胶县三里河遗址发掘出一座专门用于储存粮食的窖穴，可藏粮食数千斤。

随着粮食生产有了剩余，酿酒业逐渐产生并得到了发展。大汶口时期的墓葬中出土大量的陶鬶、壶、高柄杯等专门用于温酒、斟酒和饮酒的酒器，这是酿酒业盛行的重要标志，从一个侧面反映当时酿酒业发达的程度。

陶漏缸

莒县陵阳河遗址出土

莒县陵阳河遗址的一墓葬中发现了成组的组合酒器，包括酿造发酵所用的大陶尊、滤酒所用的漏缸、贮酒所用的陶瓮、用于煮熟物料所用的炊具陶鼎，还有各种饮酒器具 100 多件，该墓墓主生前可能是一个职业酿酒者。从中我们既可以窥见大汶口人尚酒风俗之一斑，也为研究大汶口文化酿酒工艺提供了实物资料。正因为尚酒之风兴盛，所以才出现了红陶兽形壶这类制作精致、造型奇特的温酒斟酒之器。

手工制造成熟，陶色夭夭

大汶口文化红陶兽形壶的出现，并不是偶然的。能制作出如此色泽艳丽、造型复杂、精妙别致的独特器物，应归功于当时技术发达的手工制造业。在大汶口文化时期，发达的玉石制作、精美绝伦的骨角牙器制作和陶器生产领域，都取得了举世瞩目的成就，尤其是制陶业，在当时更是得到了飞速发展，制陶技艺日益成熟和发达，为其后龙山文化时期达到制陶史上的巅峰、制作出后人也难以模仿和超越的蛋壳黑陶奠定了基础。

大汶口时期制陶业的迅猛发展与突出成就主要表现在以下几个方面：

1. 彩陶艺术灿烂繁荣

大汶口文化的彩陶灿如云霞，可以与中原地区的仰韶文化相媲美。大汶口文化的彩陶色彩富丽，纹样繁缛，以自然界中植物的花叶纹样和几何图案为主，生动地体现了古代先民崇尚自然、追求审美的生活情趣；线条如行云流水，极为生动活泼，表达了先民质朴而热烈的情感。

2. 为瓷器烧制奠基

取得了制陶史上的突破性成就，制作出了烧制温度和技术水平要求更高、难度更大的白陶，为以后瓷器的发明打下了基础。白陶的原料是制作瓷器的高岭土，其黏性差，烧成难度大，本是制作瓷器的专用原料。黏土做成的陶器烧成温度一般都在1000℃以下，而白陶的烧成温度可达1200℃，且器壁厚薄均匀，质地坚硬，声音清脆，为后世瓷器的先声。所以，采用高岭土制作白陶是陶瓷史上的一大进步。

3. 轮制技术的逐渐成熟和普及

利用陶轮旋转的势能来提高陶器生产的效率和质量，是制陶技术方面的一个巨大进步。北辛文化时期已经产生了慢轮修整，到大汶口文化早期，这种技术应用得越来越熟练和普遍，到大汶口文化中期，开始有了用陶轮快速旋转拉坯成型的技术。由于这种技术数倍数十倍地提高了生产效率，使陶器产量迅速提升，并且器壁厚薄均匀，器型更加规整、美观，所以迅速得到了推广和普及。到大汶口文化晚期，快轮拉坯成型已经成为普遍现象。

4. 烧制工艺水平提高，陶器颜色丰富多样

大汶口遗址出土了1000多件精美的陶器，色彩十分丰富，有众多的彩陶、红陶、白陶、灰陶、黑陶等。红陶是大汶口文化产生时间最早，延续时间最长的一种陶器，它色泽明丽，如血灿烂，如火烈烈，是大汶口人

最钟爱的陶色。为了使烧制的红陶颜色更加艳丽，大汶口人经常在器表施红色陶衣，精美的彩陶也大都是在红陶底上施红色陶衣之后，再用黑、白、红或褐等颜色描绘而成。

5. 陶器种类迅速增多，器型日益复杂

随着时代的推移，人们的生活质量不断提高，除了实用之外，还有了更多精神文化方面的需求，要用陶器等各种实物形式来加以表现。如三足

大汶口文化红陶

大汶口文化灰陶

山东博物馆藏

不难看出，大汶口文化晚期阶段，其社会形态已经发生了深刻的变化。农业和饲养业已成为主要的经济来源，渔猎业退居次要地位，墓葬随葬品表明专业化的商品生产日益繁荣，社会生产力得到了空前发展，社会结构从母系过渡到父系，所有制形态由氏族所有制转向家族所有制，社会处于大变革时期。尤其是大口尊上象形文字的出现、贫富分化的加剧、城市的兴起、殉人的使用等等，这些闪耀着文

器、圈足器的数量明显增多，许多器物上出现了各种附件，如耳、鼻、饼、突、流、把等，这种现象在大汶口之前极为少见。红陶兽形壶等动物形器物就是其新器类出现、造型复杂的典型例证。这表明大汶口文化时期的工匠们制作陶器应处在一种在一定范式基础上又可自由发明创造的阶段。

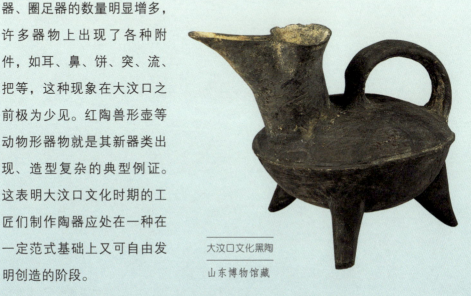

大汶口文化黑陶

山东博物馆藏

明火花的因素，反映出这一时期私有制已逐渐形成，等级已经出现，这一切，都意味着社会形态将要发生质的变化，即原始社会开始向阶级社会过渡，文明的曙光已经升起，中华民族已经处在文明时代的前夜，即将跨入文明社会的门槛。

红陶兽形壶，器形不大，却以其造型之美、模态之似、意趣之真，携带着五千年的历史底蕴，昭示出大汶口文化经济的繁荣发展、文化的灿烂辉煌。山东地区大汶口文化的独有特色、史前文明的耀眼光芒，正通过这一小小器物，充溢着我们的双眼，涤荡、震撼着我们的心灵。

本篇撰稿人：宋爱平

❸ 制陶艺术的巅峰之作
——龙山文化蛋壳黑陶高柄杯

文物级别： 一级

材　质： 陶

制造年代： 龙山文化（距今4000—4500）

外形参数： 高26.5厘米，口径9.45厘米，足径4.7厘米，重93克

出土时间： 1973年出土于山东日照东海峪遗址

收藏情况： 现藏山东博物馆，陈列于"山东历史文化展·史前"展厅

推荐理由： 以轮制而成，器壁薄如蛋壳，表面乌黑光亮，是典型龙山文化的特征性器物，代表了中国远古时期制陶工艺的最高水平，在世界范围内也是绝无仅有的

蛋壳黑陶高柄杯，是山东龙山文化的独有器物，代表着"黑陶文化"的最高水平。它是龙山文化时期制陶业高度发达的产物，以其高超的制作工艺和优美的造型，被誉为中国古代制陶业的巅峰之作，迄今人们都难以达到。它以"黑如漆，亮如镜，薄如纸，硬如瓷，掂之飘忽若无，敲击铮铮有声"而闻名于世，被世界各国考古界誉为"四千年前地球文明最精致之制作"。

在山东博物馆众多的藏品中，作为新石器时代龙山文化时期制陶工艺的典型代表，蛋壳黑陶高柄杯尤为引人注目。该器通体磨光，泥质黑陶，轮制而成，胎骨坚硬，器壁极薄，造型灵巧，色泽典雅，工艺精湛，是山东龙山文化蛋壳黑陶杯中最精美的一件。

这件散发着神秘黑色光泽的器物，在中国历史上具有举足轻重的地位。它是山东龙山文化独有的器型，代表着"黑陶文化"的最高水平；它是龙山时代制陶业高度发达的产物，被誉为中国陶器史上空前绝后的巅峰之作；它是那个时代文明的象征，见证着中国由史前跨入文明社会的历史巨变。

蛋壳黑陶高柄杯整器可分为三部分，上部为杯体，敞口，侈沿，深腹，杯腹上部略收；中部装饰6道凹弦纹，腹底圆缓平坦；中间为细管形高柄，柄中部为鼓起的柄腹，中空，如纺锤，又如倒置的花蕾，表面布满密密麻麻竖向细小的镂孔，排列整齐而匀和；下部为覆盆状底座，上有同心弦纹数道。尤其值得注意的是其镂空的柄腹内放置一粒陶丸，将杯子拿在手中晃动时，陶丸碰撞腹壁会发出清脆的响声，杯子站立时，陶丸落定能够起到稳定重心的作用，设计十分巧妙。

不可思议的古人制造

山东地区所发现的蛋壳黑陶高柄杯数量很少，除了中国国家博物馆征调和山东大学收藏外，多数珍藏于山东博物馆，展览于"山东历史文化展·史前"展厅，不但为本馆的镇馆之宝，而且也是国家级的"国宝"。

让世界考古界如此震惊的蛋壳黑陶杯是怎么被发现的呢？

1928年春天，我国第一代考古学家吴金鼎先生在山东章丘龙山镇附近进行考古调查的时候，在一河畔台地上，凭自己丰富的考古经验，发现了一处古人生活的村落——城子崖龙山文化遗址。

1929年夏秋之间，吴金鼎先生又先后4次前往龙山镇附近详细调查，确认城子崖遗址的灰土层为"龙山文化之最古层"。城子崖遗址发现之后，引起了当时的中央研究院历史语言研究所考古组专家的高度重视。

1930年秋，史语所考古组主任李济和吴金鼎同往龙山镇实地考察，认为城子崖遗址有进行考古发掘的价值。同年11月，中央研究院与山东省政府合组的山东古迹研究会成立，并确定了发掘城子崖遗址的计划。在城子崖遗址的发掘过程中，一些碎片样的东西引起了吴金鼎的注意，它们

——
吴金鼎
——

吴金鼎（1901—1948），字禹铭，著名考古学家。吴金鼎先生对龙山文化的发现，在中国乃至世界考古学史上，都称得上是一件具有划时代意义的大事。龙山文化的发现，极大地推动了中国考古事业的发展。

又薄又轻，却有着瓷器般的坚硬，当吴金鼎用水洗净碎片上的灰土以后，它顿时绽放出了一种黑色的美，一位在场的考古学者激动地记录下了它们的特点"黑如漆，亮如镜，薄如纸，硬如瓷"。经过测量，这些碎片的厚度不超过 0.2 毫米。于是，大家给了它们一个新名字——"蛋壳陶"。只可惜此时发现的蛋壳陶都是碎的。经过 1930—1931 年两次发掘，确认了这批以精美的磨光黑陶为显著特征的文化遗存，最初称之为"黑陶文化"，后来根据发现地而命名为"龙山文化"。至此，新石器时代黄河流域继仰韶文化、大汶口文化之后又一引起世界震惊的新文化——龙山文化重现于世。

龙山文化的确立，是继仰韶文化之后中国新石器时代考古最重要的发现，它不仅在时间上填补了仰韶文化和殷商之间的空白，而且彻底动摇了当时中国文化西来之说，为在中国本土追寻中华文化的来源，迈出了十分关键的一步。

1974 年城子崖遗址的再次发掘，让大家有幸见证了一个完整的蛋壳陶复原。

1974 年发掘的一天，在一个普通的墓葬里，发现了一堆碎片，著名考古学家张学海先生和郑笑梅女士迅速判断出来，依这堆碎片的厚度，应该是属于蛋壳陶的。但是令张学海遗憾的是，他没有见到想象中完整的蛋壳陶。可是郑笑梅却不

那么认为，而且主动提出要独自将蛋壳陶复原："就
是一片一片地把这些碎片重新黏合起来。这可是一个
大工程，不但要细心，还要有耐心，毕竟那个东西已
经全部碎了。"

从那以后，张学海和同事们开会研究或忙别的事
情，而郑笑梅却在边上一片一片地拼凑蛋壳陶碎片。
半个多月以后，郑笑梅将一件完整的"蛋壳陶"放在
了张学海面前。

蛋壳陶

蛋壳陶通体漆黑油亮，里表一致，
仅为山东龙山文化所特有，因其
陶胎薄如蛋壳而得名，其典型特
征为"黑、亮、薄、轻、硬"。
蛋壳陶的陶胎之薄，无与伦比。
最薄部分多在盘口部位，一般
0.2至0.3毫米，最厚的地方也
不足0.5毫米。器身最高不超过
25厘米，重量不超过70克，有的
仅重40克左右。蛋壳陶质地坚硬，
且几乎没有渗水性。

蛋壳黑陶杯（一）

蛋壳黑陶高柄杯（二）

当时，后来被誉为复制蛋壳黑陶第一人的钟华南也在人群里面，他被蛋壳陶的美所震撼："太不可思议，那时候无论是手工业还是工业都不发达，他们是如何烧制成这种陶器的？"这个疑问久久萦绕在钟华南的心头，自此以后，钟华南下定决心，今生必复活蛋壳陶。

蛋壳黑陶杯（三）

"震撼，实在是震撼。真的跟纸一样薄，看着很大，上秤一称，才10克左右的重量。"张学海被这件蛋壳陶惊呆了，他急忙将这个完整的蛋壳陶带回了自己所在的山东省考古研究所。当他把蛋壳陶带回考古所，整个所都轰动了，人们争相来看这个蛋壳陶。

参悟复活古老工艺

蛋壳黑陶的出现不是偶然的，它是在大汶口文化制陶水平高度发达到龙山文化时期达到顶峰的背景下出现的。

在城子崖之前，中国出土的古陶器大都是含沙量极高的彩陶和红陶，而以河泥为原料的黑陶，可以说是 4000 多年前东夷民族所独有的创造，而且是黑陶中的极品。出土这件蛋壳黑陶高柄杯的日照东海峪，是龙山文化重要的遗址之一。该遗址位于山东省日照市东港区石臼所东南海峪村西北，有大汶口文化和龙山文化遗存，总面积约 8 万平方米，其东北部高出周围地平面 2.2 米，当地称为"鳌子顶"。1960 年被发现，1973 年春、秋和 1975 年秋，山东省博物馆等单位先后进行过三次考古发掘，80 年代以来，临沂地区和日照市文物部门又多次调查过东海峪遗址。从现有的发现可知，山东龙山文化的蛋壳黑陶主要出土于潍坊姚官庄、日照东海峪、两城镇、临沂大范庄、胶县三里河、诸城呈子等地，其中东海峪遗址出土蛋壳陶数量较多，水平最高，全国仅有的两件较完整的蛋壳黑陶镂孔高柄杯均出土于东海峪遗址，是 1992 年中国文物精华展中 200 件文物珍品之一。

如此精美绝伦的蛋壳黑陶，不但成为龙山文化的象征和符号，而且至今仍备受人们的喜爱，因此引无数后人争相仿制，可以说对蛋壳黑陶的复制一直就没有停止过。今天的龙山镇仍然有不少复制黑陶的作坊，在龙山镇城子崖博物馆内就有一个颇具规模的制陶作坊，但虽有现代技术的支持，他们制作的陶器仍无法达到龙山文化时期的那种水平。

自从被蛋壳陶之美震撼后，钟华南就下定决心此生必复原蛋壳陶。毕业于雕塑专业的钟华南，对于陶器基本一窍不通，但他毕业后曾在山东各个城市的陶瓷厂蹲点学习过，对陶瓷器的工艺流程并不陌生。钟华南买了一大堆无机化学的书，自学了大半年，他还找专家分析出蛋壳陶片所含的物质元素。钟华南严格按照原始的方法来制作蛋壳陶。他根据城子崖遗址中发现的一个类似于烧窑厂的遗迹，制作出了一个相似的烧窑炉。

制作蛋壳黑陶，首先是选择陶泥。

为了得到细腻没有任何杂质的陶土，钟华南转遍了山东境内每一个东夷文化遗址，取土试验。经过一年的努力才找到了满意的土样。蛋壳陶的陶泥取材于远古时期黄河等河湖中沉积的细泥，并经反复淘洗，绝不含任何羼和料或其他杂质，极为纯净，其细腻程度甚至超过现代工艺生产的陶土，这才能保证烧制出的蛋壳陶陶胎的高度致密、坚硬，低渗水率，如瓷器般敲之有金属声。

其次是制作稳定精密的拉伸工具——陶轮。

蛋壳陶的厚度一般在 0.1 到 0.3 毫米之间，因此，必须用最精密的陶轮才能拉出如此薄的陶坯。钟华南先生根据自己多年对蛋壳黑陶模拟实验的经验认为，"用于蛋壳黑陶成型的陶轮不仅仅是'快速陶轮'，而且是'高精度的惯性快速陶轮'。这种陶轮可以说是世界上最早最精密的手工机械"。为了制作出这种高精度陶轮，钟华南用

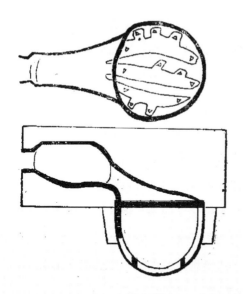

模拟复原的陶窑

了三个月的时间，做坏了几十个，最后才制作出了一个最稳定、最精密的陶轮。

将陶泥在陶轮上轮制出只有几毫米厚的蛋壳陶，器物在快速旋转中非常容易破碎，因此，为了能成坯，只有一次次试验，经过数不清的失败，才最终制作成功。

制成后就是入窑烧制。按古人的方法，只能用小灌木。为了准确掌握窑炉的温度和烧制时间，钟华南又经过反复的试验，发现烧成后器物不够黑亮，还需要还原焰。钟华南又开始一次次试验火焰。

龙山黑陶在烧制过程中，工匠们对于窑温火候的控制达到了相当精确的程度，只有这样才能使黑陶既保持质地坚硬又保持原有的规整造型。特别是超薄器物，火候一旦掌握不

古时陶轮工作示意图

再现制陶现场

好，就会出现炸裂或变形。

在烧窑后期，温度在 400 ～ 600 度时，需要封闭陶窑的排烟孔，故意造成窑内通风不良的缺氧状态，使木柴在烧制过程中产生大量黑色浓烟，这样很多微小的炭粒不断被已经接近真空的陶胎空隙吸附，并逐渐向陶胎内部深处扩散，直到吸附作用停止，从而形成胎体致密、内外均黑的黑陶。此外，在黑陶烧成的最后一个阶段，除了封窑之外，龙山人可能还会从窑顶缓缓加水，使木炭明火熄灭，从而使窑内产生更多更密的浓烟，以促使陶胎渗炭。如果渗炭技术掌握得不好，极容易出现"夹心陶"或叫黑皮陶。龙山人对于渗炭技术的掌握，已达到出神入化的水平，后世制陶者至今仍没有参悟。

终于有一天，当钟华南打开炉子的时候，炉内那个精美的蛋壳陶杯让他欣喜若狂。钟华南来不及多想，转身发狂似的开始翻看烧制记录，用颤

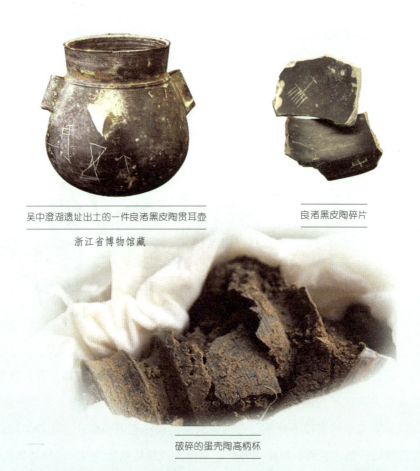

吴中澄湖遗址出土的一件良渚黑皮陶贯耳壶　　　　　　良渚黑皮陶碎片
浙江省博物馆藏

破碎的蛋壳陶高柄杯

抖的笔尖把此次的烧制温度、火候都一一详细地记录下来。经过现场鉴定，该蛋壳陶的厚度在 0.1 到 0.2 毫米之间，与郑笑梅拼成的那件蛋壳陶的厚度基本一样。后来国内组织各个学者前来鉴定，最后一致认为钟华南的蛋壳陶和还原工艺，是最贴近龙山人的，也是最成功的。

钟华南历尽千辛万苦最终也只成功烧制出了一件与龙山蛋壳黑陶最接

近的蛋壳陶杯，可以想象当初蛋壳黑陶的制作是多么艰难。今天的复制者使用了上色工艺和电烤方法，制作难度大大降低了，但即便运用了现代技术，其色泽与手感仍然与真品相差较远。

考古专家通过一系列的研究和模拟实验，使解开龙山文化蛋壳陶制作的奥妙取得了重大进展。但是，到目前为止，除蛋壳陶和匣钵这两种烧制蛋壳陶的确凿实物外，其他像陶轮、轮盘之类的机械，以及刀具、刀架等等，至今未见。因此，虽然有上述制作工艺的推测，龙山文化的蛋壳黑陶的真实制作、烧制过程仍然还是一个谜。

由此可知，当时龙山人制作蛋壳陶投入精力之大，技术之熟练，技艺之高超，已登峰造极，达至古代制陶业的巅峰状态，可谓前无古人，后无来者。

绝美陶器，难以逾越

蛋壳黑陶"一直被模仿，却从未被超越"。"黑如漆，亮如镜，薄如纸，硬如瓷"，将永远是现代人无法复制和超越的梦想，上帝只把他的眷顾给了那个时代的人，因为只有那个时代的人曾对它如此用"心"。我们应该慨叹，今日还能有如此的幸运，在博物馆里欣赏到这些精美绝伦的绝世之作。

龙山黑陶为什么有这么大的艺术魅力，仿制者不断，引后世"无数英雄竟折腰"呢？

这要从古人的"尚黑"心理说起。

由于黑色处于纯度和明度感消失的无色彩状态，因此它给人们带来了凝重、严肃、神秘的情感联想。在原始思维结构中的宇宙观念是混沌而玄虚的，人类置身于幽玄的黑色时空而产生对宇宙和天地万物的猜度和诠释，从而逐渐形成了史前审美风尚的一个相对稳定的"尚黑"情结。

龙山文化以黑陶著称，反映出当时人们"尚黑"的思想观念，这是龙山"黑陶文化"形成的重要历史动因。纯黑的高柄杯给人以严肃、冷穆之感，而且相对于龙山文化之前仰韶、马家窑以及大汶口文化时期的彩陶，黑色体现了内敛、朴素和幽深之美。很明显，黑陶之黑是在烧制工艺高度发展的前提下龙山人有意识地故意为之，是当时人们在"尚黑"思想的推动下

黑陶杯

的主动选择。

蛋壳陶黑色光泽之美是令人陶醉的，那种细腻润泽的质感，透射出高雅的气质，散发着神秘、诱人的黑色魅力。龙山文化时期开始跨入阶级社会的门槛，"蛋壳陶"又是黑陶中的极品，因此使用蛋壳陶就成了身份的象征。同时祭祀、丧葬、占卜等礼仪活动的开展，更赋予蛋壳陶神秘的色彩。独特的烟熏渗炭工艺，使其颜色乌黑发亮、表里如一，经过磨光的胎体表面形成了更加致密、细腻、光洁的黑色保护层，才使蛋壳黑陶能够历经数千年而不受水土侵蚀，至今依然散发着黝亮、神秘的光泽，具有震撼人心的审美价值。

龙山文化蛋壳黑陶不以色彩、纹饰为重，乃以造型和工艺见长。其高耸挺拔的造型、光洁素雅的外观与肃穆庄重的礼仪气氛相适应，体现了功能决定形制，审美趣味融合在造型意识之中的这一创作规律。

蛋壳黑陶是纯手工制作的产品，制作时陶匠熟练运用各种制陶技术，利用有限的制陶工具，发挥着无尽的创造智慧。我们至今仍能在器物造型风格的浑圆、挺秀，色泽的纯净、质朴中，感受到黑陶的意蕴之美。

20 世纪 50 年代，一位考古学者曾称赞蛋壳陶说：

其形式的轻巧、精雅、清纯之处，也只有宋代最优良的瓷器可以与之媲美。

黑陶用途：疑虑重重

"蛋壳陶"的用途问题一直为考古工作者所重视，因为这一器形仅为山东龙山文化所独有，而且分布范围有限，出土量也很少，制作精致，非常珍贵。其陶胎极薄，极易粉碎；大盘口小圈足，头重脚轻，一触即倒，所以极不适宜经常挪动使用。由此推测，蛋壳陶不会是生活中的常用器皿，或者至少它已从实用器皿中蜕化出来，成为一种另有专用的器物。

从其出土位置分析，蛋壳陶很少在一般遗址中发现，往往出土于大中型墓葬之中，有的在人的头部，有的在脚部，也有的在上肢一侧，而且多是单独放置，一般不与其他陶器混杂一起，表明了蛋壳陶的特殊地位。

社会的发展、制陶工艺的进步，使得一部分陶器从简单实用的生活器皿向制作精细、造型复杂并且具有很强装饰性功能的祭器、礼器转变。蛋壳陶无论是制作工艺，还是造型、纹饰、图案都极尽完美之能事，加上其易碎的特性，出土位置之显要，数量之稀有，据此推测其礼仪功能已远远超过了实用功能，蛋壳陶应是专门用于祭祀等礼仪活动的礼器。

龙山文化时期是我国上古史上一个非常重要的时代，距今 4000 ～ 4600 年。在时间上，它大约处于古史传说中的五帝时代，而其年代的下限已经进入夏代纪年，这是中国古代文明形成的重要时期。龙山文化时期文

字的发明、铜器的使用、城址的大
量出现，制陶、制玉等手工业技术
的高度发达，都说明这一时期社会
生产力获得了空前的发展，由此导
致了社会内部大汶口文化时期就已
经产生的贫富分化和阶级对立现象
进一步加剧。

　　许多特大型墓葬的发现，大量
精美陶器、成组玉器等的存在，不
仅表明此时文明化程度有了很大提
高，诸项文明因素或文明成果已经
基本具备，而且昭示这一时期社会
财富占有的不平等以及阶级和等级
分化均达到了不可调和的程度，已
经产生了"高一级的社会组织形
式"，即国家的诞生。由此推断，
龙山文化时期已经进入了阶级社
会，跨入了文明时代。

　　蛋壳陶目前主要为高柄杯一种
器型。大汶口文化晚期的墓地上，
就已经发现过黑陶高柄杯，在质、
形、色、饰等各方面都与龙山时期
的高柄杯十分相似，只不过器壁较
厚。到龙山文化时期，高柄杯的造

黑陶单把杯

黑陶豆

型也出现了多样化，陶胎已达到蛋壳般的厚度。龙山文化早中期是蛋壳黑陶高柄杯发展的极盛时期，不仅数量多，形制也相对比较复杂，但到龙山文化晚期，不但数量明显减少，而且形制比较单一，器壁已相对变厚，制作也渐次粗糙。由蛋壳陶的制作工艺我们可知，龙山文化时期陶器生产中相当大的精力都集中在这些薄而轻的器物上，制作工艺登峰造极。但所谓物极必反，蛋壳陶过分追求外观效果，而一定程度上忽略了实用、坚固的性能，违背了实用与美观相结合的原则，所以最终走向衰落，退出了历史的舞台。因此，在晚于龙山文化的任何遗存中，我们再也没有见到过它的踪迹。

鸟喙足黑陶鼎

本篇撰稿人：宋爱平

❹ 威严肃穆的王权礼器
——商·亚醜钺

文物级别：一级

材　　质：铜

制造年代：商代（前1600—前1046）

外形参数：通长32.7厘米，刃宽34.5厘米

出土时间：1965年出土于山东青州苏埠屯

收藏情况：现陈列于山东博物馆"山东历史文化展·夏商周"展厅

推荐理由：亚醜钺器型硕大，极富威严，两面镌刻的铭文表明此钺的持有
　　　　　者是商代望族"亚醜"族群。亚醜钺作为礼仪重器、王权的象
　　　　　征，堪称殷商末期青铜钺的典型代表

亚醜钺，方内，双穿，两肩有棱，器身透雕人面纹，人面五官微突出，双目圆睁，嘴角上扬，口中露出城墙垛口似的牙齿，极富威严。因其口部两侧对称地铭有"亚醜"二字，故得名"亚醜钺"。

与亚醜钺同出的还有一件大钺，此钺与亚醜钺颇有"兄弟"之相，钺身上亦透雕有张口怒目的人面形。器身长31.7厘米，宽35.8厘米，重4.9千克。因这两件钺从造型到体量都是难得一见的珍品，出土后不久，第二件铜钺即被调往北京，由中国国家博物馆收藏，亚醜钺则留在了山东博物馆。

兽面纹铜钺

中国国家博物馆藏

出土：幸又不幸

在距离青州市（原益都县）东北 20 里的苏埠屯村东的埠岭上，有一处以村名命名的墓地遗址——苏埠屯商代墓地，它是山东省最为重要的商代遗址之一。这个地方出土青铜器的历史由来已久，仅在新中国成立之前，就 4 次发现青铜器。

第一次发生在 1920 年，村民陈俊在南岭挖土时，发现了一件造型奇特的青铜器，遗憾的是，这件奇特的青铜器在当时并未引起人们太多的关注。

时光荏苒，一晃到了 1926 年，村民杨明喜又于北岭中段挖出 4 件青铜器，其中有一件青铜鼎，底部还带有铭文。与 6 年前的情形恰恰相反，这批青铜器一经发现，就立刻引起了人们的注意。当时国内正值收藏和买卖文物之风盛刮之时，大量文物被倒买倒卖，这件带有铭文的青铜鼎也未能幸免，在倒卖文物之风的裹挟下去向不明。

5 年后，也就是 1931 年的 4 月，苏埠屯村又再现青铜器身影。村民陈秀芝在南岭中部西侧的断崖上发现了 8 件青铜器，其中在一件铜觯的圈足内有"亚醜"铭记。这次终于幸运了一回，时任益都县县长的郭序之慧眼识宝，斥资购买了这 8 件铜器并交给了县民众教育馆。同年，一名儿童又偶然发现了一处古墓，墓中出土数件陶器和青铜器。陶器均被砸碎，青铜器则被古董商人买去。在当时的政府和有识之士的共同努力下，这批铜器最终被追回 7 件，放在县民众教育馆展览。

苏埠屯不断出土的青铜器，证明了苏埠屯的不同凡响，但已出土的青铜器所遭受的厄运，也着实令人痛心和惋惜，不管是损坏了还是流失了，都是对古代文明的无情摧残。为了更好地保护古代文明，1965 年秋，由山东博物馆王恩田先生等数位学者组成的考古队，开始了对苏埠屯墓地的科学探索和发掘，至此，苏埠屯墓地终于迎来了科学保护的春天。这次发掘在南、北岭西部断崖附近清理了 4 座墓葬和 1 处车马坑。其中编号为 M1 的大墓引起了世人的广泛关注，这座商墓是迄今为止除安阳殷墟以外规模最大、规格最高的商代墓葬，亚醜钺及同时出土的另一大钺即发现于这座墓室宏大、随葬品众多、殉葬队伍浩荡的 1 号大墓内，可谓意义非凡。

两件大青铜钺出土的位置在墓室北壁近墓道口的填土中，出土的过程颇具戏剧性。

由于这处墓地盗掘严重，发掘之初几无收获，考古队和协助工作的三十多名农民朋友，都不免悻悻然，然而北墓道露出来之后，人们的心情随着一件大青铜钺的现身而沸腾起来，如此奇特而形制巨大的青铜钺，让人震惊，也令发掘者们欣喜不已。更令人意想不到的是，这种欣喜只是一个开始。据考古队的王恩田先生回忆，参与此次发掘的有一位姓张的老汉，看到别人发掘出了一件大钺，而自己却一无所获，心有不甘，边挖边嘟嘟囔囔地抱怨，正在此时，只听"咣当"一声响，另一件青铜钺像是抗议张老汉的抱怨似的，突然现身，跃入了人们的眼帘，让发掘者们的心再次澎湃。这次出现的青铜钺便是本文所讲的亚醜钺。可是令人遗憾的是，亚醜钺的这种出现方式，也对其自身造成了伤害，就是那"咣当"一声，使得亚醜钺的左下角断掉了一小块。现在亚醜钺的左下角还有一块修复的痕迹。

但是，对于亚醜钺来说，这点小的残损，相对于其自身的巨大价值，可谓瑕不掩玉，它独特的造型，精美的铸工，尤其是其上铸刻的"亚醜"铭文引起了人们的广泛关注。

亚醜钺的出土掀开了青铜器史上石破天惊的一页，它的发现带有一种迫切的文化保护的意味，并伴有某种意义上的戏剧性，穿越时间的长河，历经种种曲折而展现在我们面前的亚醜钺，其巨大的形制背后到底隐藏了怎样的历史和故事？了解这一切还需要我们先从"钺"器存在的历史说起。

钺在人类工具的发展史上属于元老级别的选手，在旧石器时代就已经出现，是当时人类劳动工具——石质砍砸器的一种，与后世"斧钺"的形状、功能相近，被后人称作"石斧"或"石钺"。

早期的石钺，形体厚重，刃部多有明显的使用痕迹，乃是史前先民用以生产砍伐或者征战的实用工具。新石器时代中晚期的石钺，则趋于精良，使用痕迹逐渐消失，考古学家们在新石器时代晚期大汶口文化的陶器上，发现了多个

1

2

玉钺 1.山东临朐朱封遗址出土
2.良渚文化神人兽面纹玉钺

浙江省博物馆藏

类似于"斧"状的符号,如莒县陵阳河遗址出土的陶器上就有类似符号,应该就是史前钺的象形。

随着时代的发展,生产力的进步,钺的制作趋于精美,材质也更加多样化,出现了玉质的"斧钺",人们因袭而称之"玉钺"。玉质的"斧钺"在良渚、龙山、薛家岗、红山等文化中均有发现。此时的玉钺多出土于规格较高、随葬品丰富的大墓中,且制作精美,造型奇特,看似已经迈出了生产工具的行列,肩负起了更崇高的功能。

历史迈入青铜时代之后,随着青铜铸造技术的长足发展,青铜钺逐渐取代了玉钺,迄今发现的时代最早的青铜钺,出土于河南郑州二里岗遗址。

妇好钺
中国社会科学院考古研究所藏

铜钺
中国社会科学院考古研究所藏

商代晚期是青铜钺发展的鼎盛时期，特别是礼仪性的大钺在此时甚为流行，现藏山东博物馆的亚醜钺便是属于这个时期的青铜钺，此外在河南、河北、江西及国内外各大博物馆的馆藏中，都可以看到这一时期做工精美的大钺。

这些不断发现的青铜钺，以及上文所提到的玉钺，其与石钺迥然不同的精美制作工艺以及寓意深远的表面纹饰无不表明，玉钺和铜钺已不再是"石斫器"那样的劳动工具，其功能发生了极大的变化——它们已经脱离了生产工具的行列，从实用的工具转变为非实用的礼仪性用器。

功能：众说纷纭

古人选取当时最为精美的材料不遗余力地制作出大量的玉钺和铜钺，其寓意和目的究竟是什么呢？

关于钺的功能，目前学术界大概有兵器说、王权象征说、军事指挥权说、刑具说等几种。

1. 兵器说

兵器说是源于钺似大斧，具有杀伤性。在古代短兵相接的战争中，可以作为武器用来杀敌。另外，因为这些大钺表面大都有或"狰狞"或"威严"的面目纹饰，这些纹饰装饰于"斧钺"类兵器之上，凸显出"利兵"的肃杀之气，令敌人望而生畏，所以从广义上说，将其划定为兵器不为过，故而有主张"钺源于兵器"的"兵钺"说。但是从实际的考古发现来看，相对于其他兵器如戈、矛等，钺的出土量可谓稀少，而且大多只出于贵族墓，由此可见，就算钺是兵器，也不可能是大规模使用的常规兵器，必定还肩负着其他功能。

2. 王权象征说

在古代文献中，钺也被称为"王斧"或者"天钺"。亦有文字专家认为甲骨文和金文中"戊"字与"王"字在结构和读音方面有对应关系，"王"字本钺之象形。而且考古发掘的形制巨大的青铜钺多出自帝王之墓，古籍中描述商王和周王列朝和出征时也都有"执钺""把钺"的描述，于是又有了"斧钺"象征"王权"的说法。钺作为王权的象征始于夏代，之后这一礼制被商和周承袭。商代几座王墓出土的数件巨型青铜钺铸刻有令人匪夷所思的暴突环眼、阔嘴獠牙的狰狞面目，呈现出令人不敢正视的"狞厉"容貌，给人以强大的震慑力，似有不可冒犯的"天威"态势，而这些"神钺"又为帝王所持有，其与王权的关系不言而喻。

3. 军事指挥权说

除了王权的象征以外，作为王权权力的延伸，钺可能还代表了军事指挥权。古代天子赐给诸侯或者大臣斧钺，意思就是授给他们征战杀伐的权力。《史记·周本纪》里即记载了商帝纣曾经册封当时并未称王的周文王为西伯，并赐钺给他用来征伐，同时还记载了周夷王曾赐钺给虢季子，让他用来征伐蛮方。《礼记·王制》里也有一段提及此处："诸侯赐弓矢，然后征；赐铁钺，然后杀；赐圭瓒，然后为鬯。"孔颖达将其注释为："赐斧钺者，谓上公九卿得赐铁钺，然后邻国臣弑君、子弑父者得专征之。"意思是说，上公九卿得到帝王赐给的铁钺，便有权力，可以征伐邻国弑君、杀父的人臣和人子。另外，所赐之钺的大小常常代表了权力的大小，《史记·鲁周公世家》就记载了一同在周武王身边、辅佐周武王的周公和召公的形象，周公拿的是大钺，而召公拿的就是小钺。这里的钺可能是作为仪仗使用的，也是权力的象征。因为"兵权"是来自"王权"所授，所以军事指挥权实际上也是象征着"王权"。

4. 刑具说

作为王权和军权象征的钺，同样具备生杀予夺之功，换言之，钺在古代也是一种行刑的法器，用来施以砍头、腰斩等刑罚。《史记·周本纪》里就曾记载，周武王攻克商都朝歌，纣王虽已自焚，但是武王仍旧赶到纣王自焚的地方，先用"黄钺"斩下纣王之头，并用白色大旗悬起，又对纣两个已自杀的嬖妾，用"玄钺"斩其首，以白色小旗悬起。从此处的记载我们可以推测，身为古代礼器范畴内的青铜器钺，在其担当刑具的时候，估计也不是随便什么犯人都可以用的，正如《史记》里的记载，在杀像纣和纣的妻妾这类人物时才会用到钺，而且因为纣和纣的妻妾身份地位有别，用的钺也有所不同。

总之，无论是代表王权、军权，还是执行生杀予夺之功，钺在古代都可谓是权力的化身，拥有着非凡的身份和令世人膜拜的崇高地位。在商朝那个征战杀伐的年代，估计能在青铜钺下死，那做鬼也风流吧。

铭文：关注焦点

钺，源远流长的历史和崇高神秘的功能，决定了钺的巨大价值，而亚醜钺在这两层价值之上，又因其"亚醜"铭文而使其价值被推向了巅峰。"亚醜"既是器名的由来，又给整个器形平添了几分神秘和解读的可能，引起了人们的广泛关注和众多猜想，吸引着人们去追寻去探索，希望能撩开其神秘的面纱，一睹面纱下令人神往的芳容。关于"亚醜"铭的研究，虽颇有历史，却也是众说纷纭，至今聚讼不休。

铭文的"亚"外框和"醜"字都是人们关注的焦点，众多学者对此均有研究。

先说一下"亚"字。

"亚"被称为亚形框，亚形框在商代的青铜器上比较常见，有时单独存在，有时与其他的"族徽"相结合，有时作为整个铭文的外框。关于"亚"这个特殊的构形，从宋代起就引起了人们的关注，对这个字形最早的解释来自北宋的《博古图》。《博古图》卷一将亚形当作古代宗庙或庙室建筑墙垣四周的平面图形，提出了"宗庙明堂建筑"说。

为什么明堂建筑的平面会是"亚"字形呢？原因在于，古代的明堂建筑会在四角上种 4 棵神树，由于种树的缘故，明堂的四角内凹而成为"亚"形，铭文中的"亚"形灵感正是来源于明堂平面的亚形。"亚"形宗庙明堂建筑说是宋以来学界解释亚形的主流观点。然而，近代学者对这个说法多有争议，原因是在现代考古中，至今未发掘出一座平面呈"亚"字形的房屋建筑，也就是说古代的明堂平面呈"亚"字形在当代考古中得不到证明。虽然在考古发掘中至今未发现一座"亚"字形的地面建筑，但是在墓葬发掘中确实存在一部分"亚"字形大墓，而我国自古就有"视死如视生"的观念，为死者准备的墓葬其实也是为死者在另一个世界准备的家园，其形制模仿生前的住所不足为奇，所以，"亚"字形的大墓，很可能就是对现实明堂的模仿。以张光直先生为代表的学者就认为古代大墓中的墓室是死去的祖先升天入地的场所，也可谓是一种明堂，而在商代的大墓中，的确存在很多亚形大

湖北随州发现"亚"字形战国大墓

武丁占卜用的龟腹甲

墓，地面上的明堂没有发现不代表就不存在，因此说"亚形"来源于明堂平面的说法不无道理。

还有学者认为"亚"是由龟腹甲之形廓化而来。《淮南子·览冥训》云："女娲炼五色石以补苍天，断鳌足以立四极。"远古时期人们就是从龟的形象中得到启发，并以此解释天地之象，即我们熟知的天圆地方，4 根柱子支撑天地。龟是具有上述天地之象的神奇动物，因此我们的祖先对龟的崇拜达到了无以复加的地步，并且神话般地将龟的天地之象运用到现实生活之中。"亚"形灵感或许就来源于龟的腹甲。龟的腹甲，因为有四足，所以四角内凹使得其形如"亚"。商人因为对龟这种具有天地之象的动物非常崇拜，所以在其族徽等铭文中就取像于龟的腹甲，轮廓化为"亚"字，用以装饰。

"亚"为官职之说，也得到一些学者赞同，还有学者不但认为其为官职，还进一步论证"亚"为武官。依据《尚书·酒诰》的记载，"越在外服，侯、甸、男、卫、邦伯；越在内服，百僚庶尹、惟亚、惟服、宗工。越百姓里居（君），罔敢湎于酒"。可以知道"亚"主要属于官职的范畴，此处的"亚"指的就是内服即王畿内之职官。甲骨文卜辞中每每"马"与"亚"、"多马"与"亚"、"马"与"小臣"、"族"与"马"、"戍"与"马"等官名并举，其中"马""多马""族""戍"都与军事有关，"亚"的性质也应该与它们相近。再联系《诗经·周颂·载芟》里的"侯亚、侯旅"，《尚书·立政》和《尚书·牧誓》中的"亚旅"连文，以及《左传》文公十五年所说的宋有"亚旅"、成公二年所说的晋有"侯正亚旅"，商代的"亚"原为武官应该是明确的。进一步说，"亚醜"在商代的官僚职务中应该是"小臣"，《甲骨文合集》中便记录有："辛卯，王……小臣醜……其亡圉……于东封，王占曰：'大吉。'""东封"指的是东土的封国，这条残辞的大意是小臣醜在东土的封国做事，王占卜之后认为很好很吉利。有研究者将一号大墓巨大铜钺上铸的"亚醜"铭记与"小臣醜"的卜辞综合考虑后，认为"亚醜"最初可能是商王派到东土驻在苏埠屯的职官，很可能还是武官，随着时间的推移，他后来发展成了外在的诸侯，但同时还在王朝兼任小臣之职。铜器铭文中作为族氏徽记的"亚"，便来源于所担任的内服之职官，后来也可能演变为爵称。这就是《左传》隐公八年众仲所说的："天子建德，因生以赐姓，胙之土而命之氏。诸侯以字为谥，因以为族。官有世功，则有官族，邑亦如之。"

因为官有世功而形成官族的缘故，拥有"亚"这样的族氏徽记并铸在铜器上，当有显示自己身世尊荣之意。因此，甲骨文和金文中的"亚戈""亚雀"等也如"亚醜"一般，都属于由外派的武官，长期驻守某地后，才转化为一方之侯伯，其中的"亚"称则表明了他们最初的武官身世。

除了这些主流观点外，还有许多其他独特的观点，如有人认为"亚"代表的是氏族与商王间的一种宗法关系，而这种关系可能兼有胞族和姻亲，既可指血缘的分枝或旁出，又可与婚姻有关。甚至还有人认为，亚形本没有人们想象的那么复杂，其实就是用来作为族氏铭文的界画的，其作用相当于印章的外框。总之，对"亚"的解释众说纷纭，仁者见仁，智者见智，对其的理解还有待更深入的研究。

再来说针对"醜"的研究。

关于这个铭文，郭沫若先生认为是"醜"字，我们现在也将其称之为"醜"，并将此钺称之为"亚醜钺"。其实关于这个字的释读还有很多种研究成果。在苏埠屯出土的铜器上，出有不同写法的"醜"字，有学者研究认为，这几种"醜"字，代表了该字简化的一个过程。其简化过程如下图所示：

那么"𤔟"字究竟是何字呢？

不同学者对此字有着不同解释。王进锋先生认为，简化后的"𤔟"应为"旨"字，"旨"有"𤔟""𦥑"两种形体，所以殷商时期的"亚醜"铜器就是"亚旨"铜器，醜族就是旨族，亚旨铜器是旨族的文化遗存。甲骨文中的"小臣旨"的得名即与旨族有关，从甲骨卜辞来看，小臣旨是地位很显赫的军事首领，而且身份在一般的地方首领之上，是旨族之长。杜在忠先生认为醜是"斟灌之灌"。李零以为醜就是"妻（齐）"，并认为商代已有以"齐"为国氏一族，周人封齐，只是因袭旧名。关于醜字的隶定和释读，还有一些比较有趣的说法，例如有的学者认为此字左边上半部形似盛酒的坛中有勺，下半部则为像箕形的"其"字；右边则像一位老者散发形，此字意在表现当时造酒的过程。亦有学者从八卦的角度对其做出解释，认为从新石器时代到东汉晚期器物上常见的刻画符号、图形文字和单字多是被省去易卦后的八卦之象，可以称之为卦象文字，而本文所涉及的"亚醜"，均为《离》卦之象。

带有"亚醜"铭文的青铜器是一个庞大的家族，关于亚醜铭文的研究，对于深入认识苏埠屯墓地和"亚醜"铜器具有重要意义。但长期以来关于"亚醜"铭文的研究虽说法众多，但由于认知的局限，至今无一定论，这无疑都在启发着我们继续去探索，亚醜钺与其他的"亚醜"铭器所勾画的一个地域民族的历史。

主人：难以推测

　　亚醜钺拥有如此高贵的身份和如此神秘的铭文，那么这个谜一样的亚醜钺，其拥有者到底是什么样的人呢？

　　我们今天只能根据古文献中一些零星的记载，在考古出土的器物中寻找先人留给我们的蛛丝马迹，而这些蛛丝马迹所引出的答案，也因上文所提到对于"亚""醜"二字的不同理解而呈现出不同的样貌。

　　以郭沫若的研究为代表，他认为"此等图形文字乃古代国族之名号"，因此亚醜钺代表的即是"亚醜"族的文化遗存，更有学者通过研究认为，以苏埠屯墓地为代表的"亚醜"族文化和殷代晚期文化在很多方面完全一致。而关于青州苏埠屯地区的历史沿革，部分文献中有些只言片语的记载。《左传》昭公二十年有一段晏婴的话："昔爽鸠氏始居此地，季崱因之，有逢伯陵因之，薄姑氏因之，而后太公因之。"对此《汉书·地理志》里也指明："少昊之世有爽鸠氏，虞、夏时有季崱，汤时有逢公伯陵，殷末有薄姑氏，皆为诸侯，国此地。"也就是说，青州苏埠屯地区最开始是爽鸠氏的居住地，之后又有季崱、逢伯陵等诸侯建国于此地，在周朝太公姜尚封居此地之前，也就是殷商末期，居于此地的则是诸侯薄姑氏。对于这些只言片语，学者们的分析推理是，因为苏埠屯墓地代表的是殷末时期的文化，所以苏埠屯墓地亚醜族的文化应该就是薄姑氏的文化遗存，因而"亚醜"就是商末诸侯薄姑氏的徽号。关于薄姑氏，在有限的文献记载中我们可以知道，它是殷末商朝在东方的主要盟国之一，周初时因为参与著名的武庚叛周的活动而被覆灭，改封为太公姜尚的诸侯国。鉴于薄姑氏与殷王朝的关系，持有上述亚醜归属薄姑氏观点的学者便指出，薄姑氏既是殷王朝在东方的诸侯国，它与殷王国的政治、文化联系自然非常密切，如果说以苏埠屯墓地为代表的"亚醜"族文化就是薄姑氏文化，那就很容易解释为何它与殷文化如此一致。这是关于苏埠屯"亚醜"族文化归属的说法之一。

还有学者通过对"醜"字的研究入手，提出另外一种不同的看法。上文已经提到，"醜"有一个从繁到简的过程，其最简化的形式就是"㫃"，那"㫃"是何字呢？清末金石学家陈介祺隶定此字为"甚"，并认为"甚"即"斟"。后代学者有同意此说者，并对此做了更进一步的研究。"醜"的繁体形式，是由4部分组成，右面是一个做伸手抱物状的人形，此人手中抱的是一个形似"酉"的大口尊，而"酉"是"酉"的祖形，"酉"与"酒"在古代互相通用。在这个酒罐上面画的是一个"勺"，下面画的是一种承接酒液的器具。整个画面过程可以概括为：一个人用勺舀起酒罐内的酒液，倾泻于下面承接酒液的器具中。这个过程代表什么意思呢？据研究者认为，这个图形摹写的应是"亚醜"族先民中的巫祝或者祭祀中的主持者，滤酒灌地，借以祈祷神灵庇佑的宗教祭祀场面。这一祭祀过程与《周礼》中记载的周代实行裸礼的过程相似，因此"亚醜"摹写的可能就是"裸礼"的过程。

《周书·洛诰》曰："王入太室裸。"即周王进入太室行裸礼，这一句的注疏将其解释为，"裸者，灌也。"在《礼》书中，"裸""灌"二字也是互相通用的，所以"裸礼"又可简称为"灌"。上文提到过有学者考证过"醜"其实就是"斟"字，"亚醜"族其实就是"斟"族，而"亚醜"摹写的又是"灌"，因此可以推出，我国古史中记载的"斟"族，也就是灌族。《通志·氏族略》里记载了"斟氏"，注文解释为，"亦作斟灌氏。……并夏诸侯，以国为氏"；以及"灌氏"，注文解释为，"亦作斟灌氏，《风俗通》，斟灌氏，夏诸侯也"。由此，"亚醜"是夏代诸侯斟灌氏的徽号，亚醜钺即代表了斟灌氏的文化遗存，这是关于亚醜族归属的另一种说法。

以上几种说法都是从对"亚醜"铭文的分析着手，进而联系古代文献资料记录所做的猜测和推断。近来有些学者对此提出怀疑，认为"亚醜氏"或"斟灌氏"实属推论，也不一定存在所谓的家族或方国。总之，无论是对"亚醜"的释读还是对其族属的研究，都还有一条漫长的道路要走，需要我们去做更深入的探究。

亚醜钺经历了当年的辉煌，又经过了黄土下几千年的沉默，岁月的变迁，风霜的洗礼，历史的沉淀，让亚醜钺周身染满厚重的青色。然而,其精美的铸工、奇特的造型和神秘的铭文,却在那层青色之下显得越发庄严、肃穆,让人流连忘返,让人对那个充满神秘色彩的时代心向往之。毫不夸张地说,亚醜钺当之无愧为古代青铜钺中的极品,是商代青铜器辉煌成就的精华和浓缩,它体现了古代劳动人民的无穷智慧,也将古人的思想观念和生活习俗隐于器,而传至今,值得今人去静静地观赏,去细细地品味,去对其神秘身世不懈地求索,从中体会几千年前或曾有过的生活。

本篇撰稿人:周浩然

⑤ 西周世系与册命的见证

——西周·颂簋

文物级别：一级

材　　质：铜

制造年代：西周（约公元前11世纪—公元前771）

外形参数：通高30.1厘米，口径24.2厘米。器盖内有铭文15行152字

出土时间：据传清中叶出土于陕西，具体地点已不可知

收藏情况：器身民国时期由丁干圃收藏，新中国成立前夕，原胶东古代文物管理
委员会接收器身，后转交山东省博物馆；器盖由青岛张秀琳于20世纪
50年代初捐献山东省博物馆

推荐理由：颂簋制作精美，铭刻长篇铭文，整体品相甚佳，更兼流传有绪，对于
研究西周社会的历史，尤其是西周的册命制度，有重要的参考价值

在山东博物馆的藏品体系中，青铜器是极富特色的一个大类，总数有4000余件，仅国家一级文物就有40余件，如商代举方鼎、商代亚醜钺、西周作宝鼎、春秋陈侯壶、战国楚高罍等，都是蜚声海内外的稀世珍品。其中西周时期的颂簋以其器形庄重、纹饰精美、铸造精良成为西周晚期青铜器的典型代表。更为重要的是，在颂簋的腹内和盖内铸有内容相同的长篇铭文，铭文书体严谨，具有非常重要的史料价值和艺术价值。器、盖对铭152个字，记述了周王册命颂为监造新宫的官吏，并赏以官服、旗帜等事。颂簋是西周时期的重要铜器，也是山东博物馆现存铭文字最多的西周青铜器。

颂簋受到专家学者和观众的一致推崇，是山东博物馆当之无愧的"镇馆之宝"。

家族收藏，后人捐献国家

颂簋，据传清中叶出土于陕西，具体地点已不可考。

嘉庆十九年（1814），时年仅 21 岁的刘喜海（1793—1853）慧眼识珠，从北京一家古董商店重金购得颂簋，送回山东老家珍藏，并编入《清爱堂彝器款识》。

刘喜海，山东诸城人。出身于官宦世家的他，家学亦颇有渊源。曾祖刘统勋乾隆年间累官至刑部尚书及军机大臣，是乾隆皇帝的肱股之臣。统勋之子、喜海伯祖刘墉官至吏部尚书、体仁阁大学士，在民间享有清官盛誉，成为历史上与包公、海瑞齐名的三大清官之一。刘墉之弟刘堪早亡，堪子刘镮之由刘墉抚教成人，富收藏，精鉴赏，官至六部之首的吏部尚书。刘喜海即为镮之之子，历官福建汀洲太守、陕西延榆道、四川按察使、浙江布政使。

诸城刘氏在清代盛极一时，名臣辈出，乾隆皇帝在赠赐刘墉的诗中曾称誉其家族为"海岱高门第"。和仕途上的官阶相比，刘喜海更为人所知的是他在收藏方面的成就，他是清代道、咸年间著名的金石学家、古泉学家和藏书家。

刘喜海一生收藏宏富、精品辈出，以钱币为最，又兼及青铜、碑帖、封泥、古籍等，他收藏的铜器有父丁方鼎、鱼父癸方鼎、宋公鼎、善鼎、季犀簋、广作父己簋、迟盨、曼龚父盨、伯车父簋、且癸爵、父戊爵、史父辛爵、旅父乙爵等，其中4件编钟邢仁钟、兮仲钟、纪侯钟、虢叔旅钟后来被陈介祺所得，成为陈氏"十钟山房"所藏11件商周编钟的主要来源。

在收藏之外，刘喜海还注重研究成果的结集出版，其所补编《古泉汇考》是当时古泉学集大成之巨著，嘉惠后世泉学研究；《三巴金石苑》是巴蜀地区历代金石图文并蓄之开山之作，此外还有《古泉苑》《海东金石苑》《长安获古编》等金石著作。

刘喜海在铜器收藏方面的喜好甚至影响了铜器收藏观念的转变，据与刘喜海同时期的金石学家鲍康记载，关中地区铜器出土甚多，人们最初"只以花纹色泽及完好者是珍也"，自刘喜海至陕西为官后，"晓以文字多者为贵，虽残缺亦无伤"，人们开始珍视有铭文的青铜器，苏兆年、苏亿年二兄弟即受到刘喜海的影响，"重演百舍，求之荒村古冢"，终于发现了铭文长达497字、迄今所见铭文最长的西周青铜重器毛公鼎。

以一人之喜好转变整个收藏之风气，足见刘喜海在当时金石收藏与研究中的地位。

刘喜海去世后，家中藏品随即星散，颂簋转归山东布政使李山农。清代的布政使，官阶为从二品，是各省级别最高的文职官员。由于身居高位，又喜金石，李山农遂成为当时的收藏大家之一。所藏青铜器除颂簋外，还有止亚方鼎、旅作父戊鼎、俎子鼎、师酉父鼎、叔多父簋、陈侯作孟姜簠、叔宾父盨、静簋、郑虢仲簋、虢叔旅钟、亚父乙爵、父己爵、父庚爵、中父辛爵、庇且父癸爵等。清光绪年间有一部以真人真事为题材的谴责小说《廿载繁华梦》，书中就有对李山农的描写。

大约在清晚期，颂簋归属山东黄县丁氏家族的丁树桢（字干圃，

1861—1915)。黄县丁家主营当铺、钱庄，业务广布山东、河北、河南、江浙、关东等多个省市，乾隆年间，成为山东首富。丁氏家族不但经商，仕宦也很成功，更为难得的是丁氏一家热心公益，乐善好施。1894 年甲午战争期间，黄县知县为加强防务倡办团练，丁树桢慷慨捐银两万三千两。依靠雄厚的经济实力，丁树桢成为著名的金石收藏家。除颂簋外，亚形鹿鼎、谌鼎、三年师兑簋、父戊簋、曾侯簋以及山东博物馆的射妇桑鉴、虢叔旅钟、作宝尊彝鼎，烟台市博物馆的象牙凉席等，都曾是丁树桢的藏品。目前丁氏故居四合院式建筑群尚存 243 间房屋，虽不及全盛时期 2700 余间的 1/10，但其高耸的院墙、深深的庭院，仍能让人感到恢宏的气势，现已辟为龙口市博物馆，并被国务院批准为全国重点文物保护单位。

由于颂簋的珍贵，以至于后来丁家弟兄分家时，谁都不愿舍弃，于是器身和器盖便分别被兄弟俩收藏。抗战时期，器身入藏胶东古物委员会黄县文管分会，1954 年山东博物馆建立，颂簋的器身随胶东古物委员会的其他藏品一起入藏山东博物馆。1959 年，丁氏家族的后人、住在青岛的张秀琳女士，得知器身已在山东博物馆，遂把簋盖捐献出来，从此器身器盖始成完璧。

这里捎带提一下，传世的颂簋一共有 6 件。器型、纹饰、大小、铭文均相同，6 件颂簋分藏于不同地点：现藏美国堪萨斯市纳尔逊美术馆的颂簋，器盖双全，原为张廷济、沈仲复、端方旧藏；现藏美国耶鲁大学美术馆的颂簋，器盖双全，原为方莲卿、王梦麟、姚显光旧藏；现藏北京故宫博物院的颂簋，有器无盖，原为刘鹗、冯恕旧藏，1956 年由冯氏家族捐献，此器铭文无重文；现藏日本黑川古文化研究所的颂簋，仅存盖，原为顾寿康、邹安旧藏；现藏上海博物馆的颂簋，仅存盖，原为陈介祺、姚显光、刘体智旧藏；另外一件即为现藏山东博物馆的器盖双全的颂簋。

除此之外，还可见到一件器腹和一件器盖的铭文拓片，器物流传不明，亦不知其所在。

用途明确，铭文记史完整

北京东城区有一条著名的街道——簋街，堪称北京的餐饮一条街。它东起东直门立交桥，西到交道口东大街。一公里多长的大街上，150 多家商业店铺中餐饮服务业就占 90%，餐厅密度之大在京城恐怕难以找出第二家。

而东直门立交桥旁矗立的高大青铜器仿制品——伯簋，见证着簋街那辉煌的灯火，穿梭的食客。

簋，成了这条繁华街道的代名词。

西周时期，簋和鼎一样，既是实用器又是重要礼器。祭祀和宴飨时，簋以偶数和鼎配合使用，使用者身份高低不同，使用数量也不一样。文献记载当时天子用九鼎八簋，诸侯七鼎六簋，大夫五鼎四簋，元士三鼎二簋。

古人宴飨时席地而坐，簋就放在席上，里面装着黍（大黄米）稷（小米）稻粱等食物，供人们从簋里取着吃。从湖北盘龙城的考古资料看，簋在商代前期开始出现，有无耳和双耳两式，无耳簋形状像碗，下有较高的圈足，出现时间比双耳簋要早一些。西周前期，簋的式样增多，新出现了方座簋、四耳簋、四足簋、高圈足簋。西周中后期，弇口、鼓腹、圈足下另加三个小足的双耳带盖簋成了簋的主流。这种簋的装饰比较程式化，一般是器口及盖缘各饰一周相同的纹饰，器腹及盖面饰瓦纹，三足上端多做兽头形，下部呈象鼻状外卷，颂簋便属这一类型。

颂簋器盖对铭152字，完整记述了颂接受周王册命的时间地点、册命的仪式、任命的官职、赏赐的物品，以及册命仪式完成后所做的事和祝愿词，完整反映了西周王室册命官员的礼仪制度，在西周铜器铭文中较为少见，与《周礼》所记基本吻合，是我们研究西周时期的礼仪制度不可或缺的珍贵资料。郭沫若先生曾经说过青铜铭文之史料价值"足抵《尚书》一篇"。

西周的青铜器，不仅铭文的字数多，而且内容涉及社会生活的方方面面，这是西周青铜器最有价值的地方。

例如武王时期的利簋，记武王伐商的牧野之战；成王时期的何尊，记营建成周；康王时的小盂鼎，记对鬼方的征伐；昭王时期的作册矢令簋，记南征伐楚；另有记奴隶买卖的恭王时期的曶鼎（晚清毁于兵火，仅存铭文拓本），记法律诉讼的夷、厉时期的亻朕匜，记土地转让的厉王时期的散氏盘，记

无耳簋、双耳簋、利簋(方座簋)

乳钉四耳簋、伯簋(四足簋)、火龙纹高圈足簋

伐猃狁（古匈奴）的宣王时期的虢季子白盘；而铭文字数最多的宣王时期的毛公鼎，记述了周宣王诰诫和褒赏其臣毛公之事，是一篇完整的册命。

颂簋的铭文经众多学者考证，已可完整释读：

唯三年五月既死霸甲戌，王在周康昭宫。旦，王各大室，即位。宰引右颂入门，立中庭。尹氏受王命书，王呼史虢生册命颂。王曰：颂，命汝官司成周贾，监司新造贾，用宫御。赐汝玄衣黹纯，赤市朱黄，銮旂攸勒，用事。颂拜稽首，受命册，佩以出，返入覲璋。颂敢对扬天子丕显鲁休，用作朕皇考龚叔、皇母龚姒宝尊簋，用追孝，祈匄康□纯祐，通禄永命。颂其万年眉寿无疆，畯臣天子灵终，子子孙孙永宝用。

铭文大意为：

周王三年五月甲戌这一天，周王在周的京城康昭宫。清晨，周王来到太室就位，宰弘陪同颂进门站立在中廷，史官之长尹氏授王的命书。周王呼史官虢生册命颂。周王亲自任命颂在成周洛阳担任职务，大概是宫廷负责杂务的执事官，主管监造新宫，或认为是掌管仓库。任命的同时，还赐给他带花边的黑色丝质礼服、赤红色的围腰、拴着红丝带的玉璜，以及旗帜和马具等。颂向天子行跪拜大礼，并献上玉璋表示感谢，事后铸造了颂簋、颂鼎和颂壶，用来祭祀亡父龚叔和亡母龚姒。

铭文中"敢对扬天子丕显鲁休"，意思是感怀天子的美德，它和末尾"子子孙孙永宝用"的词句，常见于周代的青铜器上。

在我国西周时期的青铜器中，铭刻有"颂"事迹的并不少见，因其器形庄重、纹饰精美、铭文字体隽秀且内容丰富，历来受到人们的关注。

这里简略讲述关于颂壶的一个小故事。

传世的颂壶有两件，无论是器型、纹饰、大小，还是铭文均相同。铭文与颂鼎铭相同，唯将"鼎"易为"壶"，器铭在腹内。一件现藏台北故宫博物院，器盖俱全。清代其始终密藏在热河行宫中，直到20世纪30年代整理热河行宫藏器时才被发现，编入《武英殿彝器图录》，原为承德避暑山庄旧藏。一件现藏中国国家博物馆，仅存壶身，原为黄县丁寿侨旧藏，其来源颇富戏剧性。丁寿侨（1884—1947），字鲁臣，号铁生，是黄县丁氏"西悦来"的掌门人。起初颂壶被原主人送到"西悦来"典当时，本想

重新赎回，但多年一直未来赎当，掌柜的清理旧账时交给东家，丁寿侨并未在意，把它放在客厅里盛废纸。后来丁寿侨请同出黄县丁氏的清末民国著名书法家、古文字学家和社会活动家丁佛言吃饭，被丁佛言发现，才引起丁寿侨的重视，收藏起来。此事传出后，引起了各界的高度重视。1940年，黄县伪县长徐荫田听说丁家有此宝器，便预谋巧取豪夺。他先花言巧语地与丁寿侨之子丁心佛结拜为兄弟，并委以县署秘书之职，随后又以借器传拓为名带回家，借而不还。徐荫田将此器送与日本人以示讨好，日本人携带此器回国时被青岛海关截获，后辗转到胶东古代文物管理委员会收藏。新中国成立后由山东博物馆收藏，1959年调拨中国历史博物馆，即现在的中国国家博物馆。除此之外，还有一件壶盖，原为赵之琛、钱水西、莫远湖旧藏，在清代金石著录中多有记载，现在下落不明，不知与丁鲁臣旧藏壶身是否同属一件。

目前可以确定的传世颂器有3列鼎、6簋、2壶，1盘，以及1件尚未出现的匜。由于颂器出土较早，在出土后的流传过程中有可能逸失，同时也存在尚有部分颂器依然深埋地下的可能，所以有不断被发现的可能。

年代难断，逨颂一家兄弟？

关于颂组青铜器的年代，历来说法不一，诸多考古学家和古文字学家都曾对此有所论及。

郭沫若先生在《两周金文辞大系图录考释》中将颂鼎定为共王器。陈梦家《西周铜器断代》和唐兰《西周青铜器铭文分代史征》将颂器定为懿王器。白川静《金文通释》将颂鼎归为孝王器。刘启益《西周纪年》将颂器定为厉王时期。马承源《商周青铜器铭文选》和彭裕商《西周青铜器年代综合研究》都将颂器定为宣王时期，在《夏商周断代工程1996—2000阶段成果报告·简本》（以下称《简本》）中采用的也是宣王说，这也是目前影响最大的一种观点。近年来李学勤和张懋镕还论述了颂器为幽王器的可能。

以上学者的观点都有可取之处，然仔细观之，其推论的依据，多是仅仅从铭文所记内容出发的，才会导致一件器物的年代从共王三年到幽王三年跨度达140余年的局面。对有铭青铜器的年代，我们不能仅仅局限于铭文的内容，而应从器物造型、纹饰特征、铭文内容、金文字体等方面综合考虑。

我们以颂簋为例，对颂器的年代稍作分析。

颂簋造型最显著的特点是有盖，体侧有双耳，腹下圈足，圈足下有三足。

这种造型已经不同于商代和西周早期的圈足簋，而是在圈足的下部增加三个足，抬高器身，使圈足悬空，同时圈足下的小足与双耳相互呼应，形成五点配置。三足较矮，上有兽头，兽头贴附于圈足上，下有象鼻状的外卷足。这是西周中晚期最典型的青铜簋的形制。

颂簋的主体纹饰是器盖与器身口沿部位的窃曲纹。

"窃曲"一词出自《吕氏春秋·适威》："周鼎有窃曲，状甚长，上下皆曲，以见极之败也。"这句话对窃曲纹寓意的表述虽有失偏颇，但对纹饰形状的描述却也恰当，后来研究铜器的学者便把那些以抽象画线为主而构成的纹饰称为窃曲纹。

窃曲纹始见于西周中期，并一直盛行至春秋早期，春秋中期仍有所见。所谓窃曲纹，实际上是由动物纹样演变出来的，其来源主要有饕餮纹和龙纹。由饕餮纹演变成的窃曲纹，兽目与其他线条互不相连，呈分离状，是由早期的分解状饕餮纹演化而来。由龙纹演变而来的窃曲纹，兽目都在线条之中，相互连属。

颂簋的窃曲纹属龙纹的变体，以中间

颂簋的窃曲纹和横沟条纹

颂簋的耳

的目纹为中心，目纹周围纹饰较密，两端分叉，整体呈横"S"形。器盖与器身的窃曲纹均为 8 组，相邻两组之间以突起的扉棱相间隔，前后正中的扉棱较粗壮，腹部两侧由于有双耳，所以省略了扉棱，器盖对应的位置也未做扉棱。这种形状的窃曲纹主要流行于西周晚期到春秋早期。器盖捉手内的卷体龙纹并不多见，但与商代和西周早期的龙纹风格迥异，龙首极为抽象，龙身环绕于龙首的周围。器盖与器腹上的瓦纹，又称平行沟纹或横条纹，瓦纹凹槽内素地，没有其他纹饰，这也是流行于西周中晚期和春秋早期的装饰纹样。

铭文内容是判定颂簋年代的关键所在。由于"颂""尹氏"和"虢生"这几位人物都不见于史籍，因此我们无法将金文内容与传世文献相互印证。20 世纪 60 年代，唐兰提出了西周铜器断代的"康宫"原则，即凡金文中出现"康宫"的，其时代必定在康王之后，这一原则得到了多数学者的认可。

颂鼎

北京故宫博物院藏

颂簋铭中有"王在周康昭宫"，则这件器物也应做于昭王以后，但这样的时代范围相对于器型和纹饰所反映的西周中晚期的特征来说还是过于宽泛了。

值得注意的是，2003 年年初发现的陕西眉县杨家村铜器窖藏出土了 27 件铜器，且件件有铭文，总字数近 4000 字，其中逨盘记述了文王—武王—康王—昭王—穆王—共王—懿王—孝王—厉王的西周王世，并把时王称作"天子"，与《史记·周本纪》所载的周王世系完全相合，那逨盘所记的这位"天子"就应是宣王，同时四十二年逨鼎和四十三年逨鼎也应属宣王时期，尤其是四十三年逨鼎更成为目前所见西周纪年最晚的标准器。在四十三年逨鼎的铭文中，也出现了"皇考龚叔"这一与颂器铭文中相同的人名，显示出逨与颂有着非同寻常的关系。

　　四十三年逨鼎铭文记述的是逨司职虞林，因治理林泽山川有功而受到周王的册封赏赐，铭文详细记录了周王册命逨的时间、地点、担任典礼司仪的官员以及册封赏赐的具体内容。除了出现与颂簋铭文中相同的"皇考龚叔"这一人名，四十三年逨鼎的铭文与颂簋无论是内容还是行文风格都非常相似。

　　此外，杨家村所出的单五父壶与颂壶无论是形制、纹饰以及文字风格和行文格式也都非常接近，因此，逨与颂为一家兄弟的可能性极大。如此，则颂器与四十三年逨鼎的年代不会相差太远。颂簋铭曰"唯三年五月既死霸甲戌"，这里的"三年"只有两种可能，即宣王三年和幽王三年。如为宣王三年，则颂"官司成周贾廿家"时要比逨"司四方虞林"时早40年，不但兄弟之间年龄相差如此悬殊于常理不合，便是颂与逨的父亲"龚叔"在约60岁时仍能得子也悖于常理。那么颂簋就只剩下幽王三年的可能。据《简本》，宣王在位

逨盘

46 年，则幽王三年距宣王四十三年仅相差 6 年，这样的推论就合理得多了。《简本》推定幽王三年为公元前 779 年，查张培瑜《三千五百年历日天象》，公元前 779 年五月辛亥朔，甲戌在其后 24 日，符合既死霸的条件。

从文字风格来看，颂簋的铭文书写规范，笔势匀称，字迹隽秀，纵横成行，普遍做长方形，字体大小相近，似有意求工，笔道绝大多数为细劲均匀的线条，总体显得庄重肃穆，这也是旧称西周晚期"玉箸体"金文的特征。颂簋上的这种铭文是金文最成熟的形态，是西周王室所使用的标准书体。它和商代晚期到西周前期那种字的大小常不相同、起笔收笔多尖锐出锋、笔画转折处多做方折的所谓"波磔体"的青铜器铭文有了明显的区别。其中"王"字三横粗细一致，"其"字头上两笔斜杀，"宝"字头笔画圆润，"贝"字下部封口，是西周晚期金文独有的时代特点，而"公""叔""尊""赐""首"等字也表现出西周后期的字体特征，并显现出向小篆过渡的迹象。另外，颂簋中的"颂"的字边"公""命""宝""尊"等字的写法与逨鼎如出一辙，也是颂器与逨器年代相近的证据。

所以，从器物造型、纹饰特征、铭文内容、金文字体等综合判断，颂簋与颂器的年代定在西周幽王三年为宜。当然我们把颂器定在幽王世的关键依据是与四十三年逨鼎相同的铭文"皇考龚叔"，如果二者仅仅是巧合重名，即颂和逨不是同父之兄弟，那么颂器也有做于宣王三年的可能。宣王三年即公元前 825 年，五月戊申朔，甲戌为第 27 日，同样符合既死霸的要求。

本篇撰稿人：李　栋

❻ 张扬独特的首饰盒
——西周·裸人铜方椟

文物级别：一级

材　　质：铜

制造年代：西周（约公元前11世纪—公元前771）

外形参数：通高11.6厘米，长12厘米，宽7.5厘米，重875克

出土时间：莒县出土，具体时间不详

收藏情况：由收藏大家庄恩泽夫人丁德萱及长子庄楚东捐献

推荐理由：西周晚期的一件造型奇特、题材少见的铜首饰盒，
　　　　　是山东莒文化的缩影

　　裸人铜方椟，西周晚期的一件造型奇特、题材少见的铜首饰盒。据传出土于山东莒县，但是出土的具体地点和时间均不得其详。

　　器身做长方形，直壁微内收，腹下部铸有6个人形器足，人形裸体，屈膝，双手在后背负器身。器配两盖，分铸男女裸人为盖钮，二人生殖器着意铸出，相对踞坐。器身纹饰为双层垂鳞纹，近底部有两周凹弦纹，弦纹之间饰"〈〈"形。器底饰阳铸交错菱形网纹，器盖饰对称的梯形回纹，两裸人铸于内侧的回纹内。

　　关于此器裸人装饰的象征意义，学界多有争议，许多参观者也对这件个性张扬的文物产生了极大的兴趣，在欣赏赞叹之余，都想知道它背后隐藏的秘密。

庄氏家族珍藏悉数捐献

　　据器物档案记载，这件裸人铜方樑最初为清末民国莒县著名的文物鉴藏家庄氏家族燕喜堂堂主庄恩泽收藏。

　　庄氏家族是明清时期临沂地区的名门望族。1370 年，大店庄氏的始祖庄瑜夫妇挑着担子从江南迁居到大店，从此庄姓在大店开始繁衍生息，子孙繁茂。在明万历年间，庄氏家族的命运开始被改写。当时大店村里韦氏家族势力强大，而家境贫穷的庄谦，弱冠之年没钱读书，只有在学堂门口卖烧饼谋生。庄谦天资聪明，记忆力超群，虽不能与同龄孩子同屋读书，但他在卖饼的同时隔窗聆听先生授课，将老师所授知识烂熟于心。一天，先生王凯有事外出，临走时给学生布置下作文题目。面对题目，学堂的孩子大都抓耳挠腮面面相觑，纷纷责怪老师出题艰深。窗外的庄谦无意中一句"这有何难？"让韦氏家族的孩子们都用鄙夷的眼光看着他，谁知庄谦立刻出口成章，字字珠玑，韦氏孩子们见状纷纷向他讨教。先生批改作文时，顿觉学生不似平日水准，便一一问清缘由，方知是门外卖烧饼的孩子所助使然。王凯爱才心切，立刻登门请庄谦进学堂读书，并以烧饼由学堂学生们分包、免收学费为条件，打消庄家读书求学的后顾之忧。庄谦深知学习机会来之不易，更加发愤努力。在老师的精心培育下，明万历四十七年（1619年），庄谦赴京赶考荣登壬子科进士，被授汝宁府推官，后升任浙江道监察御使，巡按陕西八府。父庄希孟敕封文林郎，叔父庄希禹封威远将军。其后族人矢志读书，孜孜不倦者代不乏人，大开读书做官发家之路。经过400多年的风雨历程，到民国年间，庄家势力延伸到鲁、苏、豫、皖4省，成为富甲鲁南、名扬全国的豪门大户。庄氏家族共有进士10名、举人20名、拔贡等200余名，有八府巡按、监察御史、兵部主事、户部主事、兵备道台、知府、知州、翰林院编修等五品以上官员达80多位，清末民初还有多名青年男女赴海外求学，庄恩泽便是其中之一。

庄恩泽一生爱好文物收藏，所得薪俸多用于此，收藏以青铜器、古泉、

莒国（图中画圈处）

莒为东夷古国，是少昊部落后裔所建立的国家，其最早见于传统的历史文献是《春秋》《左传》，商代的甲骨文中也有商王在莒地活动的记载，考古发现西周、春秋时期的金文中有关于莒国历史的内容，并且在莒国故址上，还发现为数众多的三代文物古迹。

碑版为富，尤以精品、异品繁多闻名于世，他的藏品之多，档次之高，当地无人可比，成为清末民国莒沂大地与沂水刘涛并驾齐驱的著名的收藏家。

1951 年，庄恩泽夫人丁德萱及长子庄楚东根据庄恩泽的遗愿，将庄恩泽一生所藏文物悉数捐献给山东古代文物管理委员会，计古钱 2569 枚，金石 46 件，碑帖 136 种，石刻拓本 200 种，字画 4 种，古籍 15 种，其中就包括这件裸人铜方椟。是年 6 月，山东省人民政府向丁德萱颁发奖状，以示褒奖。

1953 年山东博物馆成立后，这件裸人铜方椟也和其他许多珍贵文物一起由山东古代文物管理委员会拨交给山东博物馆。

莒国遗珍印刻旧时风俗

这件裸人铜方椟出土于山东莒县，当时将其定名为耦象方簋。另外，在日本的藤井有邻馆藏有一件与之相似的器物，该器著录于《日本搜储支那古铜精华》和《有邻馆精品》两书中，两器器形基本一致，只是尺寸有所差别。据李学勤先生介绍，这件日本藤井有邻馆所藏之器是清末民初出土于莒县（今属莒南）大店镇渊子崖小河北。

这类造型独特的器物为什么都是出自山东莒县呢？

我们知道山东莒县为古莒国所在地。由考古与历史文献证明，莒国的历史其根源可以上溯至旧石器时代，历经数十万年至夏、商而周。周初，周王朝"封少昊后兹舆期于莒"，承认莒国的合法地位，莒国正式建国，"初都计，后徙莒，今城阳莒县是也"。

春秋前期，莒国国力强盛，达到顶峰，"争衡齐鲁，雄踞东夷"，其疆域北起山东省昌邑县东南，南达今江苏省赣榆县境内，东临黄海之滨，西达沂水县的西境。春秋后期，莒国逐渐衰落，成为各个大国侵伐的对象。战国初年(公元前431年)，莒国被楚国所灭。

在山东的古国中，如果论及它们的存世时间和文化发达程度，则首推莒国，它是老派的东夷古国，比后来的泱泱大国齐与鲁的历史，早数千年，或者说莒文化的传承与延伸，其以石器时代经铜器时代而至铁器时代，是一脉相继贯穿始终的。

莒国文化是东夷文化的重要组成部分，莒文化不仅时间悠久、地域广阔，而且内涵十分丰富，它在中华文明多元一体构成的格局中处于重要的地位。

莒文化青铜冶铸业可上溯至龙山时代，而其最为辉煌的发展，则还在商周时期，其青铜器的组合，较之中原商王朝毫不逊色，并且颇具自己的特点。青铜器造型大气雄浑，有的施以纹饰，更多的则简素无纹，体现一种古朴自然的美感。还有的青铜器，既反映出当地习俗，亦体现出青铜文化与习俗相密切结合的特色。我们今天所见到的这类用裸人装饰的青铜器应该就是莒国仍保留东夷旧俗的一种反映。有学者认为，它们可能与当时的社祭活动有关。据郭沫若、闻一多先生考证，古代的社祭，往往带有所谓的"高禖仪式"的内容和色彩。《诗经·郑风·溱洧》描写的就是一场春日水滨的社戏：

溱与洧，方涣涣兮。

士与女，方秉蕳兮。

女曰观乎？士曰既且。且往观乎？

洧之外，洵讦且乐。

维士与女，伊其相谑，赠之以勺药。

溱与洧，浏其清矣。

士与女，殷其盈矣。

女曰观乎？士曰既且。且往观乎？

洧之外，洵讦且乐。

维士与女，伊其将谑，赠之以勺药。

高禖即句芒，人头鸟身

《墨子·明鬼》篇曰：

燕之有祖，当齐之有社稷，宋之有桑林，楚之有云梦也，此男女之所属而观也。

清人惠士奇《春秋说》曰：

盖燕祖齐社，国之男女皆聚族而往观，与楚宋之云梦、桑林，同为一时之盛，犹郑之三月上巳，士与女合，会于溱洧之濒。

解释1.高禖是古代帝王为求子所祀的禖神，"禖"即"媒"，高禖也写作"皋禖"，即媒神之意。媒神既是婚配之神，也是求子之神，高禖是所有媒神的职司。女娲是华复民族的第一个媒人，被后世奉为媒神，又称高禖。

解释2.高禖是偶像。高禖即人之先，高禖所祭的石头称为"石主""石祖"，即男女生殖器形象，为"人之根""人之祖"，也就是人类始祖之意，高禖即人类根祖的偶像崇拜。

按照郭沫若、闻一多两位先生的解释，齐社、桑林、云梦等，都是当时各国的"高禖（媒）"，这实际上是人类在原始时代曾经实行过的"群婚的残余"。从上述先秦文献所反映的情况看，周代的燕、齐、宋、楚、郑等国尚存此俗，莒国作为东夷古国，保留旧俗较多，应该比其他国家更流行这种"高禖"，那么由此而铸造与之相关题材的青铜器就不足为奇了。

伊人宝盒盖钮独具特色

此类方盒形铜器之前较为少见，迄今所见共十几件，其中大多为近年来的新发现。

1974 年山西闻喜上郭村出土的"夔纹方鼎"，通高 8 厘米、长 9 厘米、宽 5.3 厘米，时代为西周晚期，器做方盒式，顶面为可开启的两盖，两盖上分别铸一伏虎形钮，做对视状。器腹外四壁各铸龙虎形饰，下承 4 个人形足。通体饰夔纹。

1989 年山西闻喜上郭村 7 号墓出土一件"刖人守囿六轮车"，通高 9.1 厘米、长 13.7 厘米、宽 11.3 厘米，时代为春秋早期。据介绍，其车厢上盖除猴形钮外，两侧各有一只可以原地旋转的立雕鸠鸟，车厢后面有可以开关的门，门侧附一受了刖刑的守门人，车厢下有三副车轮，一副为大轮，系于车轴两端，两副小轮分别扼于两只立雕猛虎的前爪和后爪之下。

夔纹方鼎

山西省博物院藏

刖人守囿六轮车

山西省博物院藏

1993 年山西曲沃县北赵村晋侯墓地 63 号墓（晋穆侯夫人墓）出土一件"龙耳人足方盒"，通高 9.3 厘米、长 19.2 厘米、深 3.6 厘米，时代为西周晚期，器身做扁长方形，直壁，平底，顶面有双盖可开启，一盖上铸有卧虎形钮。器外壁四面铸有龙形耳，四角各饰云形扉棱。器身两宽面下部还各铸有裸身跪坐的人形足，裸人胸部饰变形兽面纹，盖面饰几何形箭镞纹及双首龙纹。

1993 年山西曲沃县北赵村晋侯墓地 62 号墓（晋穆侯夫人墓）出土一件"鼎形方盒"，时代为西周晚期，器做长方形，盖上铸一立虎形钮，下承四立虎形足，器身饰波带纹和重环纹。

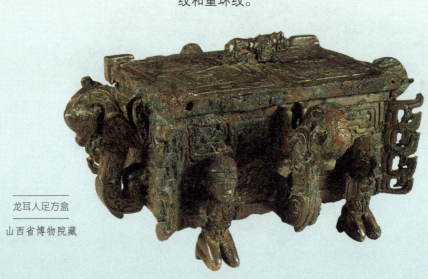

龙耳人足方盒

山西省博物院藏

四轮方盒

甘肃秦文化博物馆藏

　　1998 年甘肃礼县圆顶山秦国墓地 1 号墓出土一件 "A 型盒"，通高 8.8 厘米，盒体长 11.1 厘米、宽 7.5 厘米、高 3 厘米，轮径 4 厘米。舆体呈盒形，有盖，盖由中间纵向启缝的两扇合成。盒体沿四角各安装一只立鸟，鸟足可以旋动。当 4 只鸟首皆旋向内时，顶盖即锁住；当 4 只鸟首皆旋向外时，顶盖即可打开，构造设计新颖而又灵巧。盖扇对接处，一侧为蹲坐的熊纽，一侧为跪坐的人形钮，人、熊同向。人形双臂前屈，似做驾车状。盒体 4 竖棱各饰一只行虎，虎首昂仰，大耳巨嘴。舆下装带轴的 4 轮，每轮辐条 8 根。车毂突出，至今犹能转动运行。盒体四侧及盖面，通体饰细密蟠虺纹。

虎钮方奁
枣庄市博物馆藏

发掘报告将此器定名为"四轮方盒",认为"可能是妇女放置首饰、化妆品的专门用具",并据此推断一号墓墓主为女性。

2002 年山东枣庄东江小邾国 3 号墓（小邾国国君倪庆夫人秦妊墓）出土一件"铜方奁",通高 7 厘米、长 14 厘米、宽 11 厘米,时代为春秋早期,器做长方形,顶面为可开启的两盖,盖上各置一虎钮,器身四壁中央各铸一兽形耳,下承 4 裸人足。出土时方盒内放有玉珏 2 件、玉耳勺 1 件。

这类发现都有几个共同特点:器身较小巧,均为长方体;设计精致,一般有人形或兽形盖钮;器足形制多样,有裸人形、兽形、车轮形。从上述几例方盒所在的时代明确的墓葬来看,这种铜方盒形器物流行年代应该是在西周晚期至春秋早期范围之内,而以裸人做器足,是西周晚期较为流行的做法,因此我们将这件裸人铜方椟的时代可定为西周晚期。

上述考古发现的这些铜方盒形器物,它们的主人都是贵族女性,而且有的出土时还装有首饰,可知这类器物应该是当时贵族女性所用的首饰盒。

周代贵族墓葬随葬青铜器一般为礼器、兵器和车马器，像这种不合礼制的个性器物出现在陪葬品之列，让我们看到在礼制严格、男权至上的周代社会，贵族女性仍然在社会生活中扮演着重要角色。正像陈芳妹所指出的那样："似乎西周晚期到春秋早期，青铜器的女性使用者，可能以其受成规束缚的力量较少，又可能因性别差异的不同需求，为规格化的随葬器用制度带来了新器制。"

通过对出土资料的研究，我们知道这类铜方盒形器物的功用是首饰盒，但是关于其定名，由于以前研究不够导致说法不一：有的称为方鼎，有的称为车，有的称为盒，还有的称为方奁，这些名称都不够准确，那么古人到底是如何称呼它们的呢？

《韩非子·外储说左上》："楚人有卖其珠于郑者，为木兰之柜，薰以桂椒，缀以珠玉，饰以玫瑰，辑以羽翠，郑人买其椟而还其珠，此可谓善卖椟矣，未可谓善鬻珠也。"意思就是有一个楚国商人在郑国卖珍珠，做了一个木兰的匣子，这匣子用桂花、花椒薰过，用珠子和宝玉点缀，用红色的美玉装饰，用翠鸟的羽毛连缀。郑国人买了他的匣子却还给他珍珠。这个楚国人可以说是善于卖匣子，不能说是善于卖珍珠。

在《论语·子罕》中，子贡说："有美玉于斯，韫椟而藏诸？求善贾而沽诸？"意思是：有美玉这种好东西，是藏在椟中好啊，还是等个好价钱把它卖掉好呢？

由此，我们可知，在古代把这种盛放珠宝玉器的盒子称为椟，所以我们山东博物馆这件镇馆之宝的标准名称应是裸人铜方椟。

山东博物馆藏的这件裸人铜方椟与上述几例相比，其独特之处在于其盖钮为两个相对踞坐的男女裸人。

关于用男女裸人作为装饰的意义，学界说法不一，有人认为是"与人种起源的传说和祈求种族繁衍的思想有关",“象征着子孙繁衍之意";有人认为其是王公贵族用来把玩、观赏的;也有人认为此类造型除含有生殖精神外,因为出土于墓葬之中,可能代表一种“求生"“复生"的期望,而且或具有厌胜之效。笔者认为,这种类男女裸人性暧昧场景的题材应该是原始社会生殖崇拜文化的延续。原始初民由于对自然规律的不认识,将一些不能解释的自然现象,如风、雨、雷、电以至土地、河流等都归于神力,从而加以崇拜。同样,他们也不了解自身,特别是不能理解自身的性行为与生殖现象,因此产生了一种神秘的、敬畏的心理。

在我国的仰韶文化、龙山文化、齐家文化、屈家岭文化和红山文化等原始社会遗址,均发现过陶塑、石祖等“生殖崇拜"的遗物,20 世纪 80 年代先后在内蒙古阴山、广西左江、新疆天山等地发现的岩画,也都有许多的生殖崇拜形象。对于这种社会现象,中国社会科学院赵国华研究员指出:

出于对作为社会生产力的人的再生产的严重关切,原始人类中出现了生殖崇拜。换句话说,生殖崇拜深刻反映了一种绝对庄严的意志——作为社会生产力的人的再生产。

本篇撰稿人:王冬梅

⑦ 琢玉工艺的典范
——战国·鲁故城大玉璧

文物级别：一级

材　　质：玉石

制造年代：战国（前475—前221）

外形参数：外径32.8厘米、孔径11.6厘米、厚度0.6～0.7厘米

出土时间：1977年出土于曲阜鲁国故城乙组52号墓

收藏情况：现陈列于山东博物馆"山东历史文化展·夏商周"展厅

推荐理由：鲁故城大玉璧纹饰布局紧密匀称，繁缛精美，线条流畅，工艺
纯熟，颇具战国晚期玉璧纹饰的典型特点。在出土的同时代玉
璧中，鲁故城大玉璧是目前为止形制最大的一件，其精美程度
和体量是其他玉璧所无法超越的，堪称"玉璧王"

　　鲁故城大玉璧是在棺内死者身下出土的。玉料呈青碧色，玉质晶莹温润，半透明，呈油脂光泽。玉璧肉部内、外缘各有一周廓，肉两面纹饰相同，以两组微凸起的绚索纹分隔成内、中、外三层纹饰。内、外两层为阴线刻纹，中间以斜向交叉排列的蒲纹为地，其间浅浮雕饰排列均匀的谷纹；内层为合首双身龙纹，其间以三道绚索纹相隔成三组；外层为五组合首双身龙纹，每组龙尾两两相交，纹饰布局紧密匀称，繁缛精美，线条流畅，工艺纯熟，颇具战国晚期玉璧纹饰的典型特点。属战国玉璧中的精品，并且是战国玉璧中形制最大的一件。

浑然天成，光辉之端——新馆穹顶

2007 年 12 月，在公示评选基础上，山东博物馆新馆建设领导小组最终确定了新馆"天圆地方"的外部建筑设计方案。新馆汲取了中华传统文化天圆地方、天人合一、人与自然和谐发展的理念，气势宏伟，拔地而起，巍然屹立，寓意齐鲁文化博大精深，体现了齐鲁儿女开放、沉稳的个性和昂扬向上的活力。

新馆建筑顶部穹顶寓意泉水是省会济南的象征，以"趵突"喷涌为代表的泉水、泉韵、泉文化，生生不息，源远流长，寓意着山东经济的腾飞，文化的大发展、大繁荣。如此寓意深远的外部建筑就需要与之相呼应的内部建筑设计。

如何设计与外观相呼应的内部结构就成了摆在设计者们面前的难题。经文物单位各级领导、文物专家及资深文物工作者反复甄选，最终确定了以象征祭礼苍天的鲁故城大玉璧形象作为新馆内部建筑的主体构思。

2010 年 6 月山东博物馆新馆正式开放，当大批的观众涌入新馆大厅时，无不被大厅浑然天成的气魄所震撼，大玉璧顶成了除精美展览外的又一大亮点。

走进山东博物馆新馆大厅，首先映入眼帘的便是大厅顶部那晶莹剔透

山东博物馆新馆大厅

绕城的西北两面,小沂河流经城南。城的东南面是丘陵山地,西北和西南是一片辽阔的原野。曲阜作为鲁国的都城,从西周鲁国初封,到战国末亡于楚,延续了800年左右。关于曲阜名称的来历,东汉应劭曰:

鲁城中有阜。逶曲长七八里,故名曲阜。

碧绿如洗般的大玉璧。

仔细瞧瞧我们就能发现,这块玉璧顶的原型就是博物馆藏品鲁故城大玉璧。它不单是博物馆里精华展品的深化拓展,并因为它的形式及琉璃的晶莹,通过灯光的幻化处理,正好寓意为天之圆,有浓厚的主题意味及装饰性,形成大厅的中心装饰。

与这件大玉璧一同出土于鲁国故城乙组52号墓的还有形制相似的其他玉璧,但只有这枚形制最大,堪称"玉璧王"。

鲁国故城位于山东曲阜,洙河

1961年,鲁国故城被国务院公布为第一批全国重点文物保护单位。1977年,经国家文物事业管理局批准,对鲁故城开展了大规模的勘察,1978年10月结束。通过一年多的辛勤工作,对鲁故城进行了全面的勘探,对重要遗迹进行了试掘。初步查明了鲁城的年代、形制和城市布局,并在鲁故城内划出重点保护范围43处。通过普探,查明了地下文物的分布情况、遗址遗迹的范围和形状,以及文化堆积的厚度和层次等。

城址内的试掘工作也取得了

丰硕的成果，共清理周代墓葬
128 座。清理的这 128 座周墓，
明显属于两种类型。甲组西周
墓随葬陶器以素面鬲、豆、簋、
罐为主，多圈足器，流行腰坑、
殉狗。战国墓以仿铜陶簋、豆、
壶等为主，均有华盖，有圈足，
个别墓有殉人。这些甲组墓和
商人墓的风格相似，应是分封
给伯禽的"殷民六族"及其子
孙或商奄移民的墓。乙组西周
墓随葬陶器只有仿铜陶鬲及素
面小罐等，没有豆、簋等圈足
器，不用腰坑，不殉狗，和关
中地区先周墓习俗颇一致。

这枚大玉璧就是出土于乙
组 52 号墓中。很可能为实用
工具，与良渚文化典型的宗教
礼器有很大的差别，但不能排
除良渚文化的玉璧与之前的类
似玉璧有一定的渊源。

山东省曲阜市鲁故城 M52
号墓出土的玉璧，基本涵盖
了战国时期几种较为流行的玉

浙江余姚反山墓地出土良渚文化玉璧

璧，根据其纹饰可以分为以下几类：

第一类 4 枚，这类器形较大，纹饰繁缛精美，肉上纹饰分为内、中、外三区，内外两区饰合首双身龙纹，内区纹饰三组，有隔栏。中间饰谷纹，以弦纹相隔。鲁故城大玉璧就属于这一类。具有三区纹饰的玉璧除了 52 号墓中出土以外，还在西汉前期的墓中有所发现，广州西汉南越王赵眜墓出土了 5 件具有三区纹饰的玉璧，外区为合首双身的龙纹，中区为蒲格涡纹，内区为合首双身龙纹或凤鸟纹，其纹饰风格与鲁故城 52 号墓所出玉璧基本相同，所不同的是 52 号墓玉璧的内、外区都是合首双身的龙纹图案，而不见凤鸟纹。具有三区纹饰的玉璧未见于西汉中期以后的墓中，可能只流行于战国至西汉前期。

第二类 2 枚，器形较小，肉上纹饰分内、外两区，外区饰 4 组对称的双尾龙纹，内区饰谷纹，两区纹饰之间以弦纹、素栏相隔。

第三类 12 枚，器形大小不一，肉部两面饰纹相同，在蒲格纹地上以浅浮雕琢制出排列整齐的谷纹，大部分由青玉制成，个别由碧玉、白玉等制成。这类玉璧与 58 号墓出土的玉璧形制相类似。

52 号墓出土的这几种玉璧器形规整，玉质优良，莹润而有光泽，饰纹紧凑匀称，线条流畅，做工精致，为我们研究战国时期琢玉工艺提供了较为丰富的实物资料。

从上述的描述，我们不难看出山东博物馆收藏的这枚鲁故城大玉璧代表了当时制作玉璧的最高水平，无论是从玉璧的体量上来讲，还是从制作工艺以及玉料的选取，均属于当时最高的水平。这枚大玉璧代表了同期出土的战国玉璧当时最高的工艺制造水平。所以它当之无愧地成为山东博物馆的镇馆之宝。

鲁故城52号墓出土战国玉璧

曲阜孔府文物档案馆藏

玉璧 曲阜市鲁国故城58号墓出土

曲阜孔府文物档案馆藏

祭天殓葬，以通天地——国之礼器

我国是一个崇玉、尚玉的民族，玉文化源远流长，最具有代表性的玉器种类当属玉璧了。历史上关于玉璧的传说有许多，其中最为我们所熟知，最具传奇色彩的就属和氏璧了。

和氏璧，相传楚国人卞和在荆山偶得一块绝世的玉璞，决定把它献于当时的楚厉王，厉王命令玉匠查验此玉，可惜此玉匠不具慧眼，告诉楚王只是一块普通的石头。盛怒之下，楚王便以欺君之罪砍了卞和的左足。楚武王继位后，卞和又去献玉，但仍是明珠暗投，结果被武王砍去了右足。卞和在荆山日夜抱璞痛哭。新继位的楚文王得知此事，派人前去探询，和氏说："我并非因被砍去双脚而伤心，而是宝玉被认为顽石，忠臣被认为骗子，这才是我所伤心的啊。"于是楚文王命人剖开玉璞，果然得美玉，确为稀世之宝，雕琢玉璧命名为"和氏璧"。

后来此璧被楚国用作向赵国求婚的聘礼，赠送赵国，秦国觊觎已久，假以 15 座城池交换"和氏璧"。赵国也深知秦国的歹意，但惧怕强秦，不敢拒绝，乃派机智勇敢、足智多谋的蔺相如出使秦国，得以"完璧归赵"，这便是历史上赫赫有名的完璧归赵的故事。

那么，何为玉璧？

《说文》："璧，瑞玉，圜也。"段玉裁注："璧，圆，象天。"《尔雅·释器》："肉倍好，谓之璧；好倍肉，谓之瑗；肉好若一，谓之环。"就是玉质部分大于孔径，称为璧；玉质部分小于孔径，称为瑗；二者相等，称为环。简单说玉璧是一种中央有穿孔的扁平状的宽边窄孔的圆形玉器。

纵观玉璧的整个发展史，大致可分为4个阶段，即初创期、发展期、鼎盛期和衰落期。这4个时期的玉璧，不仅造型、纹饰有所差别，而且用途有别。

玉璧 浙江省余杭市余杭镇出土
临平中国江南水乡文化博物馆藏

1. 初创期

典型的玉璧形制是在史前的良渚文化时期大量出现的。在良渚文化之前的玉璧数量很少。玉璧的所有者，几乎全是地位较高的头人或与祭祀有关的巫师。玉璧既非实用，又非为配饰，而是与当时的宗教信仰有关。当然，良渚文化的玉璧，还有许多未解之谜，尚待进一步研究。

玉璧 浙江省余杭市汇观山4号墓出土
浙江省文物考古研究所藏

2. 发展期

夏、商、西周和战国时期，玉璧的面

貌基本没有什么变化，但总的说来玉璧数量相当少。从玉器的发展史看，商代是生产玉器最多的几个朝代之一，但玉璧出土数量却不多。

西周弧面玉璧

甘肃省灵台白草坡西周玉璧

3. 鼎盛期

战国秦汉时期是玉璧发展最鼎盛的时期。历史上关于玉璧的记载多出现于这个时期。春秋末期战国早期，随着铁器的出现，大量开采、切割、加工玉器成为可能。恩格斯说，铁"给手工业工人提供了一种其坚固和锐利非石头或当时所知道的其他金属所能抵挡的工具"。玉璧的种类和数量跳跃式地进入了发展期。纹饰较以前有很大的变化，纹饰丰富，有弦纹、卧蚕纹、云纹、谷纹、蒲纹、绳索纹、龙纹、螭虎纹、一首双身龙纹和鸟凤纹等。不仅制作精细，玉质较优，且出现前所未见的镂雕玉璧。战国至两汉玉璧，之所以称为鼎盛期，原因有五。一是选料极精，多数为新疆和田等地产优质美玉。据文献记载，这时有所谓楚山玉、和田玉。二是制作工艺讲究，改变过去玉璧厚、重、素和夏商

之后的小型化之风，向高精尖突变，器
薄体轻，玲珑剔透。三是花纹形式大变，
饰纹种类极为丰富。四是使用范围大增，
凡古今文献所载之用，此时都可见。五
是数量多，为各代玉璧数量之最。

魏晋南北朝玉璧为历史上又一低潮
期，数量少，而且纹饰种类与战国两汉
同而无新意。

湖北随州曾侯乙墓战国玉璧

4. 衰落期

唐代至清代的玉璧出土品极少，一
般很少涉及。这时玉璧作为陪葬之用是
很少的，明显的事实是这时期的墓葬中
未闻有玉璧出土。

大概了解了玉璧的发展脉络之后，
我们反过来再研究一下玉璧在古人的政
治、生活中究竟起着什么样的作用。

"璧"在中国源远流长，独具特色。
目前所知最古老的"璧"出土于黑龙江
省东部乌苏里江流域新开流文化（前
5500—前4000）早期的小南山遗址。自
被创形以来，璧就一脉相承地贯穿整个
中国历史，但是目前为止学术界对于玉

河北满城刘胜墓西汉玉璧

璧的研究还是一个薄弱环节，专门探讨玉璧的文章并不多，迄今学术界提出的关于玉璧功能的说法主要有以下几种。

1. 祭天

玉璧是古代统治者祭天的礼器，在古人的观念中，天圆地方，而璧圆像天，因而用璧来祭天。《周礼·春官·大宗伯》载：

> 以玉做六器，以礼天地四方；以苍璧礼天，以黄琮礼地……

1975 年山东烟台芝罘原阳主庙后殿前侧长方形土坑内发现玉器两组 8 件，每组为璧、圭各 1 件，觽 2 件。玉璧饰涡纹，表面涂有朱砂痕迹。阳主庙始建于春秋战国时期，是齐国国君奉祀"八神将"的庙宇之一，也是八主祠之一，是我国古代重要的祭祀场所。璧和圭的组合出现，证明了文献记载的正确性，玉璧是古代重要的祭祀活动等中的礼器。

在汉代，玉璧用于祭祀主要体现在两个方面：一是继承以苍璧礼天的习俗，天子祭天神太（泰）一用璧，祭祀天地

河北定县刘焉墓东汉玉璧

河北定县刘畅墓东汉玉璧

用圭、璧；二是祭祀大川用璧。在考古发掘中，也曾出土与祭祀有关的秦汉玉璧。陕西咸阳北原汉昭帝平陵和上官皇后陵之间有一条连接二陵的道路，在此路的两侧曾分别发现东西向排列的成组玉器，各组间距约2米，每组玉器中间为一玉璧，外有7或8个玉圭围绕，圭首均朝向玉璧。这些成组埋葬、排列有序的璧和圭，应与汉代帝陵的祭祀仪式有关系。这些璧和圭体积很小，应是专为祭祀而制作的玉器。

2. 殓葬

殓葬是玉璧的最主要功能之一。

鲁国故城出土的这一玉璧即为殓葬玉璧，出土该玉璧的52号墓是一椁两层棺的大型墓，随葬器物放置在椁室周围和棺内，出土玉璧共计18枚，棺内死者身上从头至足放一层玉璧（9枚），身下垫一层玉璧（8枚），另一枚在椁室。在腹部上下均有2件硕大的玉璧，其中最大的一件，位于墓主身下，就是这枚大玉璧。玉敛葬最早见于良渚文化，例如浙江余姚反山20号墓中出土42件玉璧，23号墓中竟有53件之多。玉璧多为铺在身体底部及在墓主身上。西周时期的三门峡虢国墓地发掘出一套完整的由玉、玛瑙、金、绿松石、兽牙组成的葬饰。到汉代，玉敛葬发展到极致，出现了金缕玉衣，同时伴有大量的玉璧。西汉广州南越王墓中出土数十件玉璧，西汉中期的刘胜和窦绾玉衣的前胸、后背都放置有多枚玉璧，并有一定的排列方式。刘胜的前胸和后背共放置玉璧18枚，窦绾的则放置15枚。

《周礼·春官·典瑞》："疏璧琮以敛尸……璧在背，琮在腹，盖取象方明，神之也。疏琮璧者，通于天地。"

用璧殓葬，以通天地，希望死后能够升天。古人认为玉有不朽之能，"金玉在九窍，则死人为之不朽"。用玉璧殓葬是保佑肉身不朽，灵魂升天。在

马王堆汉墓一号墓帛画局部

古代人的丧葬观念中，人的灵与肉是有很大区别的，灵魂是人的精气所在，不能同肉体一同存在于墓中。灵魂是不死不灭的，人们希望灵魂升入天境，以告慰死者，福佑生者。而玉璧则是通天的信物，拥有和百神相通的灵性，甚至被认为是通往天国的天门，中间的孔被认为是供死者灵魂出土的通道。死者灵魂脱离凡体达于仙界有时要借助龙、凤、仙鹿、神蛇、仙鹤等瑞兽的引领。马王堆汉墓一号墓帛画中部绘一谷璧，二龙呈十字形交叉，穿于璧中，绕缠纠结，扶摇而上，上部龙首直接天阙，下部龙尾迤连地阴，将墓主灵魂导引入九阳高照、莺歌燕舞

的仙界。

3. 朝贺

《后汉书·礼仪志》记载："每岁首正月，为大朝受贺。其仪：夜漏未尽七刻，钟鸣，受贺。及贽，公、侯璧。"汉代诸侯王、列侯每年元旦朝贺，都执玉璧。

4. 纳聘

汉帝纳聘皇后用谷璧。同时玉璧还作为馈赠礼品，在当时社会交往中表示友好而相互馈赠，史载楚襄王想聘庄子做宰相，便送他白璧百双。战国时期，赵王送苏秦"白璧百双，黄金万镒"。

5. 馈赠

《史记·项羽本纪》记载，项羽与刘邦宴于鸿门，刘邦离席后，托张良献"白璧一双"给项羽。《汉书》上记载，刘邦在鸿门见到项羽，一看情形不对，有危险，便从小路逃走了，留张良对付项羽。项羽发

现刘邦不知去向，便问张良，刘邦哪里去了？张良答复得很好，说："闻大王有意督过之，脱身独去，已至军矣。"坦白地告诉他，刘邦已经逃走了，而且，此时已快到他的军中了。按照项羽的脾气，刘邦不辞而别，这样太不礼貌，应该是大发脾气了。可是，张良又说了一句，他临走时，交给我一块璧，叫我献给你。项羽收下了璧，就没说什么了。

《汉书·西南夷两粤朝鲜传》载汉文帝时陆贾使南越，南越王赵佗托使者献给汉朝廷的物品中，第一项就是"白璧一双"。可见玉璧在当时属于珍贵的礼品，而且往往是成双赠送或贡献。

6. 装饰

汉代豪华的宫殿，往往饰以玉璧。武帝兴造华丽的"甲乙之帐"，饰以"随珠、和璧"。成帝赵昭仪（赵飞燕之妹）所居的昭阳殿，壁带以"蓝田璧"等作为装饰。

还有一种用于佩戴的玉璧，这种璧体积较小，称为系璧。

时代新意，中西合璧——奥运奖牌

2008 年国际奥运会在北京举办，当时最为大家津津乐道的就是在奖牌上嵌入极具象征意义的玉璧。在直径 7 厘米、厚 0.6 厘米的圆形金质、银质、

2008年北京奥运会奖牌

铜质奖牌的正面是国际奥委会统一规定的图案——希腊潘纳辛纳科竞技场和胜利女神，在奖牌背面则分别镶嵌用白玉、青白玉、青玉制作的直径 5.77 厘米、孔径 3.19 厘米、厚 0.3 厘米的玉璧。这种创新的奖牌形式在历次奥运会奖牌形式中从未出现过。当时北京奥运会的奖牌被称为："整个奖牌尊贵典雅，中国特色浓郁，既体现了对获胜者的礼赞，也形象诠释了中华民族自古以来以'玉'比'德'的价值观，是中华文明与奥林匹克精神在北京奥运会形象景观工程中的又一次'中西合璧'。"

玉石作为一种矿物，以其纯洁美丽的色泽，温润坚硬的质地等自然属性赢得了原始人的喜好，并进一步被赋予特殊的社会属性。

无论我们的先人赋予玉璧哪一种功能，一件件雕琢精美的玉璧，无不体现着先人的劳动与智慧，体现着先人对自然、对社会的热爱和敬畏。

一件简单的玉璧，我们看到的不仅仅是一个加工完成的玉器，更是一件透露中国古代人们的劳动和美好的社会风貌的文物展现。一件简单的玉璧，在新时代更是被赋予更高、更深远的意义。它的迷人风采数千年来从未减退，反而历久弥新。

本篇撰稿人：周婉娜

8 千年墨痕遗竹节
——西汉·银雀山汉墓竹简

文物级别：一级

材　　质：竹质墨书

制造年代：西汉

外形参数：主要有长69厘米、长27.6厘米、长18厘米三种

出土时间：1972年，山东省临沂

收藏情况：山东博物馆

推荐理由：1972年4月10日发现于银雀山汉墓。失传1700多年的《孙膑兵法》
　　　　　与《孙子兵法》同时出土，解开了历史上关于孙子和孙膑其人其书
　　　　　有无的千古之谜

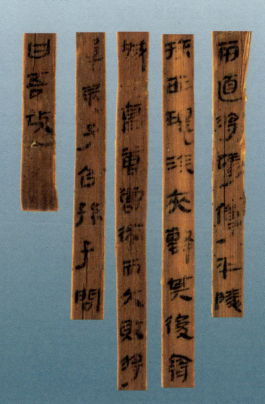

在纸张发明之前，古人将文献书籍书写在竹片、木片、布帛上，今人称之竹简、木牍或帛书。然而这些文献载体易于腐朽。20世纪以来，随着考古学的诞生，出土了一批批珍贵的简帛文献，时代上迄战国，下至三国。

现藏于山东博物馆的《孙膑兵法》与《孙子兵法》竹简，于1972年4月10日发现于银雀山汉墓。竹简的出土解开了历史上关于孙子和孙膑其人其书有无的千古之谜，被列为"新中国建国30年十大考古发现"之一。

需要专列护送的竹简

发现往往在不经意间，考古发现尤其具有偶然性。现在人们一提起银雀山，就会想到竹简，想到竹简，就想到了那被解开的千古之谜。谁能想象到，这批竹简的出土，不仅惊动了当地驻军来看护守卫，更惊动了周总理，特批专列护送这批竹简。

1972 年，山东临沂地区卫生局准备在银雀山建一座办公大楼。工地位于临沂市南部，这里有两座小山岗东西相望，东侧的叫银雀山，西侧的叫金雀山，两山成犄角之势拱卫着临沂城。4 月 10 日，地基挖到距离地表两米左右时，一座古墓雏形逐渐显露。于是，卫生局向临沂文物部门工作人员进行了报告。当地文物部门立即派人赶到现场察看，他们本以为这是一座普通的小型墓葬，于是跟工程方商定，尽快完成考古发掘，让建筑工地复工。

发掘时发现墓葬被大水淹没，不断有陪葬品被发现。当年曾参加了银雀山考古工作的中国文物研究所研究员吴九龙回忆说："这个（指墓）泥非常的黏，我们工作时下脚的地方很窄，都不够一个脚宽，我穿着胶靴，要想往前挪一步，都必须抓住鞋，把它提起来，脚才能提得起来，当时很多人来围观，秩序也很不好维持，有的人就说发现了什么宝贝，有的人说发现了什么金马驹子，所以他们都非常感兴趣。"

4月14日，是值得铭记的日子，因为这一天破解千古之谜的汉简问世了。参加挖掘工作的杨殿旭、刘心健等人的名字同样值得铭记在册，他们来自临沂文物组，是他们首先发现了竹简。

据参与当时挖掘工作的人员回忆，杨殿旭在墓葬中清理器物时，看到一根竹片从水中漂浮上来，他不经意地漂洗了一下竹片上的泥浆，并说："你们看，这上面有字。"他把竹片递给了墓坑上面的人。刘心健仔细辨认后，确认竹片上写的是"齐桓公问管子曰"的字样，他就兴奋起来，"大呼：这是古代的竹简！"

文物工作人员当即要求施工人员停工，同时上报山东省文物部门。山东文物部门随即派遣山东博物馆有关专家来指导考古发掘。

临沂军分区得知发现竹简的消息后，立即派一个班的战士前来协助，昼夜值班，保护现场。战士们并不知道，他们看守的古墓将对中国乃至世界所产生的影响，当然他们更不知道这座小山和这座古墓带来的秘密，在之后的几十年里都没有彻底说完。

这座开始挖掘的墓被编号为"临沂银雀山一号汉墓"（后被称作一号墓）。被发现的汉墓是一座岩墓，墓坑直接在岩石上开凿而成，墓长314厘米、宽226厘米。墓坑内有木质棺椁，棺内放置的人体尸骨已经腐朽，在棺内发现少量的漆木器、铜镜等随葬品。木椁东侧为器物

一、二号墓发掘现场

箱，放置有大量的陶器、漆木器、钱币等，更为重要的是，墓葬里还有大量的带字的竹简。不久，在一号汉墓的西侧又发现了二号汉墓。4月20日下午，两墓的发掘工作全部结束。事后经初步整理统计，一号汉墓出土竹简 4942 枚，大部分为"兵书"；二号汉墓出土竹简 32 枚，为《汉武帝元光元年历谱》。

两座墓葬都有积水，竹简出土时，由于浸泡在淤泥中得以保存下来，但是连缀竹简的编绳朽断无存，竹简皆已散乱失次，有的简体甚至和墓穴中的污泥粘连在一起，残损严重，急需得到科学有效地清理和保护。竹简上的文字是用毛笔蘸墨书写的，整理时稍有不慎不仅墨迹会被抹掉，简片也会变成一堆烂泥。所以，考古专家用毛笔蘸着清水一点一滴地耐心冲洗，才洗去了水锈，显出字迹。

由于长期浸泡在泥水中，又受其他随葬器物的挤压，竹简散乱，表面呈深褐色。不过令人欣喜的是，用墨书写的字迹，除个别文字漫漶难辨外，

竹简整理现场

绝大部分很清晰。每简的字数多少不等，整简每枚多达40余字。

由于当时条件所限，山东省革命委员会政治部文化组经过慎重研究，向国家文物局求援，决定"汉竹简立即送北京处理"。

1972年10月，国家文物局组织山东博物馆和全国的专家学者共同对这批竹简展开了全面的保护、整理和研究。整理组先对竹简进行药液脱色处理，使字迹更加清晰，然后拍照、编号，经无菌处理后放入玻璃管中密封保存。后又将全部竹简整理编成《银雀山汉墓竹简》一书，分三辑出版。

1974年5月，历时两年的竹简整理工作宣告结束。6月7日，中国新华通讯社向世界播发了长篇通讯稿，对银雀山汉墓的发现、发掘及竹简的研究成果做了详尽的报道。

破译工作完成后，周总理亲自批示调拨专列将这批竹简运回山东，入藏山东博物馆。山东省划拨专款，在馆内单独为这批竹简建起一座三层小楼，被当时的博物馆人称作"竹简楼"。竹简楼墙体坚厚，抗震能力强，冬可保温，夏可隔热，楼内分设有竹简库房和实验室。1998年，竹简被迁至条件全面提升的山东省博物馆新馆。

终结千古论争的竹简

正如上文所说，四十多年过去了，由于缺乏实物证据，墓主人的身份依然是一个谜。

发现的一号墓和二号墓，墓主人到底是谁？他们是夫妻，还是相差百年素昧平生的陌路？一号墓的主人为什么要以兵法陪葬？二号墓主人为什么要把《汉武帝元光元年历谱》竹简带进棺椁？

《汉武帝元光元年历谱》是我国考古史上发现最早，也是最完整的古代年历，所记的朔晦干支，订正了自宋《资治通鉴目录》以来有关诸书的错误，难道他或者她和历法有什么瓜葛因由？

在那个时代考古发掘出土的竹简自然会受到损坏，据说损坏的数量很是可观，这是时代造成的先天不良，不能怪罪在任何一个人的头上，但有一个问题也随之提出，既然损坏了那么多竹简，《孙子兵法》就仅仅只有短短的13篇？

竹简上的字历经千年的浸泡而不掉色，古人到底使用的是什么宝墨？

金雀山和银雀山是巨大的汉墓群，他们的主人是谁？他们为后世留下了什么？

…………

一个个问题，摆在了考古工作者面前，这些谜题是否可解，何时能解？

孙子兵法研究会会长韩明林根据近几年的研究提出，从墓葬出土的大批兵书来看，墓主人的身份非士卒、非将帅，很可能是涉及军事文化的一位古代学者。

在一号墓出土了两个耳杯，底部刻有隶书"司马"二字，刻工较粗，据考古人员分析，应该为墓主人的姓氏，而非官衔。因为按照一般习惯，不会把官衔随意刻在器物上。二号墓出土的陶罐肩部刻有"召氏十斗"4个字，"召氏"或是墓主人姓氏，但从1951年湖南长沙西汉刘骄墓出土署有"杨主家般"4字漆盘的情况看来，也可能是赠送人的姓氏。

墓主人之谜以及其他种种谜团，或许需要更长的时间才会揭晓谜底，但是，随着银雀山汉简的出土，一个存在了千年之争的谜题揭晓了：《孙子兵法》的著述者究竟是谁。

经过专家精心细致的工作，对出土的竹简有了初步的认识。银雀山汉墓简牍写于公元前 140—前 118 年（西汉文景时期至武帝初期），主要是竹简，包括四类书，一类是兵书，一类是论政论兵之书，一类是阴阳数术方技书，一类是其他古书。一号墓出土少量的木牍，是《孙子兵法》的题篇牍。同简牍一起出土的，还有漆木器、陶器、铜器、兵器和钱币等随葬器。

在这些出土文献中，一部分为佚书或首次发现的古籍：《孙膑兵法》（《齐孙子》）16 篇，《孙子兵法》（《吴孙子》）逸篇 5 篇，《汉武帝元光元年历谱》，《地典》，唐勒、宋玉论驭赋，《守法守令》等 13 篇，论政和论兵类 50 篇，有关阴阳、时令、占候之书 12 篇，相狗、做酱法等杂书。一部分为现在还有传本的古籍，《孙子兵法》13 篇，《尉缭子》5 篇，《六韬》14 组，《晏子》16 篇等。

在这批竹书里面，兵书数量最大，也最重要。尽管 20 世纪后期发现大量的出土文献，但是截至目前，出土兵书数量最大、内容最丰富的还要数银雀山汉简。

银雀山汉墓简牍均为西汉前期手书，是较早的写本。对于研究中国历史、哲学、古代兵法、历法、古文字学、简册制度、古籍校勘和书法艺术等方面，都提供了宝贵的资料。

《孙子兵法》也称《吴孙子》，是中国最具影响力的军事著作，被誉为"兵学圣典"。明代《武备志》盛赞其："前孙子者，孙子不遗；后孙子者，不遗孙子。"作者孙武，为春秋末年人，帮助吴国"西破强楚，北威齐晋，显名诸侯"。因其成名在吴，故称"吴孙子"。《孙子兵法》大约成书于春秋末期。历代多有著录整理，最终形成现在所见的《孙子兵法》13篇。到20世纪80年代，《孙子兵法》已被翻译成日、英、法、德、俄等十几种文字，在世界各地广为流传。

《孙膑兵法》也称作《齐孙子》，作者为孙膑本人及其弟子。孙膑是孙武的后世子孙，晚孙武百余年。《史记》《汉书》等均有记载。"孙子膑脚"和"马陵之战"是其广为人知的两则事例。因其成名于齐，故称"齐孙子"。《齐孙子》因不见于隋代及以后文献，关于孙子与孙膑，自宋代起，学者聚讼千年，莫衷一是。观点主要有以下几种：

其一，支持《史记》中的记载，认为孙武、孙膑各有其人，并分别著有"兵法"流传于世；

其二，认为历史上并无孙武其人，只不过是一位战国时期"山林处士"所作的"兵法"而已，以其为吴王所用乃是夸大之词；

其三，不否认历史上有孙武这个人，但《孙子兵法》不是孙武自己编著的，而为后世之人伪托"孙武"之名而作的；

其四，《孙子兵法》的作者是孙膑，孙武和孙膑是同一个人，"武"是其名，"膑"是绰号；

其五，历史上有孙武和孙膑这两个人，但现存的《孙子兵法》作者是孙膑；

其六，认为《孙子兵法》是三国的曹操所著，"兵法"中提到的"孙子"是春秋时期的伍子胥。

······

临沂银雀山简牍《孙膑兵法》与《孙子兵法》同墓出土，驱散了这个千古谜团，证实了孙武、孙膑实为两个人，各有兵书传世。为这场旷日持久的历史大讨论画上了句号。

本篇撰稿人：卫松涛

❾ 真实绚烂的汉代画卷

——东汉·东平后屯汉墓彩色壁画

文物级别：一级

材　　质：石灰石

制造年代：东汉（25—220）

外形参数：墓室总宽535厘米、东西总长366厘米。石块厚度30～40厘米、
　　　　　长度约150厘米、宽度30～60厘米

出土时间：2007年10月山东省东平县城老物资局院内

收藏情况：山东博物馆"汉代画像艺术展"展厅

推荐理由：该壁画颜色艳丽，线条灵动绝妙，是目前山东发现的保存最完
　　　　　好、画像内容最丰富的一座汉代壁画，在全国也罕有比肩

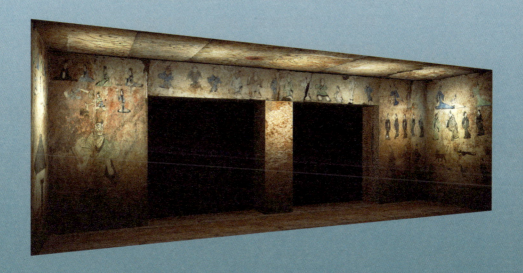

　　山东境内汉代画像石墓多有发现，几乎遍布全省各地，但汉代壁画墓以往仅有1953年发现的梁山县后银山东汉壁画墓和1986年发现的济南市青龙山东汉晚期画像石壁画墓二例，并且保存状况欠佳。后屯汉墓位于山东省泰安市东平县原县物资局院内，因地属后屯村，故称"后屯汉代墓地"，墓中壁画称为"东平后屯汉墓彩色壁画"（以下简称东平壁画）。东平壁画是目前山东发现的保存最完好、画像内容最丰富的一座汉代壁画墓。

量体裁衣打造"壁画馆"

　　东平县位于泰安市西南部，县境面积 1340 平方公里，人口 78 万人。山承泰岱之脉，水汇汶济之流，湖山之美，甲于齐鲁。

　　东平古称东原，后因"大野既潴，东原底平"，故称东平。唐虞夏商时期属徐州。西周时境内置须句、郕、宿等诸侯国。春秋时期，须句属鲁、郕属齐、宿属宋。战国时，郕、宿为齐无盐邑。秦代始设须昌县、无盐县、张县，属薛郡。西汉增置富城、章县，与无盐县先后属梁国、济东国、大河郡、东平国，须昌、寿良二县时属东郡，东汉时须昌、无盐、寿张、富城、章县同属东平国。

　　2007 年夏，东平县城老物资局院内建筑工地施工过程中，在楼基地槽内发现有石墩墓，并发现石墩上有彩色壁画。为保护壁画及文物，东平县文物管理所对壁画进行了适当的密封保护，并报省文物部门。10 月 11 日开始，省文物考古研究所会同东平县文物管理所对该墓地进行勘探发掘，清理发掘汉代墓葬 18 座，出土了较为丰富的陶器、铜器和铁器等，其中 3 座墓室中发现彩色壁画。抢救性发掘后，壁画墓墓石全部调运至山东博物馆，专门开辟具有恒温恒湿功能的专用库房进行保存，并由专家对其进行专业处理。省博物馆新馆建成之后，专门为这组壁画"量体裁衣"，打造了一个壁画馆，供广大观众目睹它的风采。

　　东平壁画墓发现其中带壁画的共有3座，分别为1号墓、12号墓和13号墓。经考证，该处墓地是一处家族墓地，在多座墓葬中，石椁和砖砌券顶墓并存。依据山东地区汉墓的特点，石椁墓是典型的西汉墓样式，砖砌券顶和多室墓又是东汉墓葬的特色，但是并没有发现东汉晚期结构复杂的多室墓，因此，墓葬的时代约为西汉末年到东汉早期。距今已有两千余年，

可以说是有确切年代的墓葬。这座汉代壁画墓壁画内容较为丰富，既有历史故事，又有礼俗记载，还有民间娱乐场面。

　　汉代壁画墓发现的资料不多，尤其是山东地区更为少见，目前报道的资料只有梁山后银山汉墓（今属东平）中有过发现，梁山汉墓的结构与东平壁画一号墓相同，壁画同样位于前堂各壁。制作方法上，梁山汉墓采用白灰涂层法，涂抹较厚，在温度湿度变化的情况下容易脱落，保存情况不佳，东平汉墓壁画的石材加工平整，因此只是在表面涂抹白灰地，直接在上面绘制。白灰地极薄，不会脱落，只是色彩鲜艳程度同样需要恒温恒湿的保存环境。

壁画配置示意图细部

重现汉代生活千姿百态

保存最为完好的一号墓，该墓总体呈东南、西北方向，约为东汉早期，墓葬结构规整，壁画内容丰富，布局匀称合理，保存完好。

1. 墓顶

墓顶绘制云气纹，在白色云纹中间绘一轮鲜艳的红日，红日内一黑色三足金乌在展翅飞翔。

神话中说，太阳里有金黄色的三足乌鸦，古人就把"金乌"作为太阳的别名，也称"赤乌"，都属于宇宙天象的范畴，用意是让墓室主人在死后的世界也能看到和生前一样的日月星辰。墓顶云气纹、红日、金乌象征日月天象、天空。画

壁画墓出土时情况

面色彩鲜艳，云纹勾卷，线条优美，变幻流畅，极具动感之美。

2. 门楣

门楣、墓壁以人物画像为主，间以鸡、犬等动物形象。内容包括敬献、谒见、斗鸡、宴饮、舞蹈等场面，各类人物形象多达 48 人。其中，绘制于门楣内侧的 12 个人物形象神态各异，款秀波带，眉须飘然，栩栩如生，描绘出汉代武士形象。他们着短褐、草鞋或者赤脚，须发皆张，肌肉发达，表现出武士张扬的个性和辟除邪恶的才能，被摆放在门口，也是护卫墓主人、避免打扰的目的。

3. 西壁南侧壁画

西壁南侧壁画为宴享图以及方相氏驱疫仪式图。上面宴享图中有 4 人对饮，并欣赏着下面舞蹈杂技伎女的优美舞蹈，神情怡然自得。下面绘方相氏驱疫、进行大傩（一种驱逐瘟疫和鬼怪的仪式）时的场面。方相氏形象夸张，发须箕张，眉毛斜竖，大眼圆瞪，阔鼻大口，面相丑陋，肌肉发达，怒斥暴喝状，左手持盾，右手持斧，身形魁梧，相貌凶恶。其上方一女子穿长袖法衣舞动，一女子双手提拽恶鬼双足掷向釜中，而恶鬼双手抚于釜沿，做挣扎状。后一女子手持经幡做送行状。似乎在进行一场神秘的打鬼驱疫仪式，其实目的是充当镇守墓主安全的守护神。

4. 南壁壁画

南壁壁画内容有宴饮、舞蹈、仕女、房屋图。最为吸引眼球的是，中层左侧绘盘舞图，一伎女长袖舞动、身体扭动，双足腾挪踏击身围数鼓，回首观望主人，形象极为生动传神。该女子在 7 个盘鼓上以不同的节奏穿

行跳跃，长袖翩翩，时而仰面折腰双脚踏鼓，时而腾空跃起，然后又跪倒在地，以足趾巧妙踏上盘鼓，身体做跌倒姿态摩击鼓面。敏捷的踏鼓动作，飞行似的轻盈舞步，若俯若仰、时来时往的姿态和地位调度，与音乐紧密结合在一起，表现出深邃的意境。正如《舞赋》中描述："罗衣从风，长袖交横，络绎飞散，飒擖合并。鵔鶒燕居，拉鹄惊，绰约闲靡，机迅体轻。"这里主要是描绘墓主人生前生活的经历和与之相关的家居生活场景。

盘鼓舞为汉代著名舞蹈，也叫七盘舞。以在盘和鼓上（间）踏节、舞蹈为特色。有男子舞也有女子舞；有独舞，也有对舞或群舞，有偏重于抒情的缓板慢舞，也有偏重于技巧的扑板翻滚，是汉魏时期盛行的舞蹈。三国魏人卞兰在《许昌宫赋》中描述："兴七盘之递奏，观轻捷之翾翾，或迟或速，乍止乍旋，似飞凫之讯疾，若翔龙之游天。"又如"振华足以却蹋，若将绝而复连，鼓震动而下乱，足相续而不并"。形象地描述了舞者既要在盘鼓间腾踏纵跃，踏出节奏的声响，又要以轻盈而敏捷的舞步在盘鼓上

门楣武士图

翻滚扑跌，而盘鼓不乱不碎的生动场景，犹如现实写照一般。七盘舞以它优美的舞姿风靡一时，遗憾的是，大约魏晋之后，此舞就衰亡了。

5. 北部壁画

北部壁画内容主要分三层，上层与中层间用墨线分开。上层是《列女传·梁寡高行》记载的"梁高行拒王聘"的历史故事。此故事见于《烈女传》《太平御览》《艺文类聚》等书，嘉祥武梁祠画像石中也有其故事。《烈女传》记载："梁高行者，梁之寡妇人也。其为人荣于色而美于行。夫死，早寡，不嫁。梁贵人多争欲取之者，不能得。"梁王听说以后，派国相行聘，亦欲娶之。但高行不为荣欲，守其贞信之节，认为"贵而忘贱，是不贞也。弃义而重利，无以为人"。于是援镜持刀割下自己的鼻子，并对国相说："王之求妾者，以其色也。今刑余之人，殆可释矣。"国相据将此事上报，梁王大张其义，高扬其行，并尊其"高行"之封号。

壁画北壁

此画像故事分两幅，一幅是梁高行站于右方，头戴花冠，身前一男子跪拜双手持聘书，梁高行伸左手呈接收状。另一幅则是右手持镜照面，可能已经割了鼻子。而左臂长袖后甩，似是拒绝来者之意。

梁高行故事下方即第二层是"孔子见老子"问礼故事，亦分为两幅。

先是孔子、老子二人相对，老子略显瘦小，身稍外侧，右手抬至胸部，左手微曲置于胯部，微微侧首看向孔子，似有拒绝之意。孔子身材则显魁梧肥胖，身体前倾，双手拢于胸前，首微扬，面向老子躬身做谦虚问礼状。第二幅则是二人互相拱手相对状，犹如尽兴交谈。

孔子见老子两幅

关于孔子的形象，一般认为较为丑陋，后世根据历史记载概括为七露：唇露齿，眼露睛，鼻露孔，耳露窿，奇丑无比。此处孔子绘画像与历史记载较为相符，亦是容貌较丑，为一老者形象。虽然容颜不佳，似乎也可透露出他"眉有十二彩，目有二十四理，立如凤峙，坐如龙墩……身长九尺六寸，腰六十围"以及"温而厉，威而不猛，恭而安"的圣人形象。这是目前山东唯一一幅保存完好的孔子问礼故事绘画图，孔子根根胡须清晰，道道皱纹满额，鼻翼高挺，颈后凸瘤，形象写实。这幅存世两千年左右的孔子画像，为研究这位古代先贤圣人的实际形象提供了珍贵的实物资料。

第三层内容是斗鸡走狗图和出行图。

斗鸡图中画面上两个男子相向而立，中间有二狗、二鸡，做追逐、相斗状。其中两两相对的斗鸡的刻画十分传神。左侧鸡的颈部羽毛炸起，弓背屈爪，伺机跃起前扑；右侧鸡引颈张喙，体态威猛，随时准备接受挑战。斗鸡图右侧西壁石上前者一人佩剑向前做行走状，后二侍从均右手举剑、左手持盾跟随，意为出行。

汉代是一个较少受礼制束缚的时代，上至皇帝贵族，下至寻常百姓，均沉醉于各种形式的娱乐。以东汉名臣梁统的玄孙梁冀为例，据《后汉书》记载，梁冀"少为贵戚，逸游自恣。性嗜酒，能挽满、弹棋、格五、六博、蹴鞠、意钱之戏，又好臂鹰走狗，骋马斗鸡"。正是这些花样繁多的游乐项目，与乐舞百戏一起，通过画像石、画像砖、壁画、陶俑等艺术表现形式，为后人留下了丰富的物质文化遗产。而流传至今的游戏，除了下棋，斗鸡也算其中一个。以河南开封为代表，斗鸡现在仍然是民间喜闻乐见的一种娱乐项目。

我国斗鸡的历史源远流长，驯养斗鸡至少有2000多年的历史。关于斗鸡的记载最早见于《左传》，讲述了春秋时期鲁国因斗鸡而引发的一场

斗鸡画像

政治风波。据《史记·鲁周公世家》记载："季氏与郈氏斗鸡，季氏芥鸡羽，郈氏金距。"季平子（季孙氏）与郈昭伯是邻居，二人在斗鸡时，季氏往鸡翅膀上撒了芥子粉末，郈氏也给鸡的后爪套上金属尖刺，双方因此发生争执，季平子一怒之下侵占了郈氏的宫地。郈昭伯跑到鲁昭公那里去告状，鲁昭公早就对季平子的专权跋扈不满，便借此事讨伐季平子，欲置其于死地。结果是叔孙氏、孟孙氏联手救了季孙氏，杀死郈昭伯，"三家共伐公"。鲁昭公逃亡到齐国，公元前 510 年客死在晋地的乾侯。另据《战国策·齐策一》描述，"临淄甚富而实，其民无不吹竽鼓瑟，击筑弹琴，斗鸡走犬"。由此可以看出，斗鸡是鲁国、齐国贵族的一种娱乐活动。到了西汉，斗鸡之风更盛。司马迁在《史记·货殖列传》里谈道："博戏驰逐，斗鸡走狗，作色相矜，必争胜者，重失负也。"斗鸡具有赌博性质，通常要分出胜负，胜者赢钱，输者掏钱。因为有利益之争，所以斗鸡时的气氛还是很紧张的。斗鸡的饲养也很讲究，要求有单独的鸡舍，喂以特殊的饲料。汉代已有专门驯养斗鸡的人，叫作"斗鸡翁"。据《汉书·张汤传》记载，张汤死后，"上自处置其里，居冢西斗鸡翁舍南"。

综上所述东平壁画颜色艳丽，线条灵动绝妙，不仅填补了山东省汉画研究的空白，在全国也罕有比肩。

汉画独有的特色

1. "舒卷起伏"的云气纹

汉代云气纹又称流云纹，是从战国时期卷云纹基础上演变而来，以线条的舒卷起伏为表现形式，被广泛运用于各类视觉造型艺术的装饰纹样中，具有装饰风格特征，古拙而浪漫。云气纹的出现有形式方面的外在原因，也有思想方面的深刻根源。从外形分析，云纹与龙的形象和观念有关，应为龙的化身，是龙的一种"纹"化形式，这种纹化表现出一种流动的气势与节奏，契合了楚地的浪漫风格。而其思想方面则源于古人生死轮回的信仰，汉代人相信阴阳五行学说，惯用"阴阳五行"的思想来解释自然现象，云气纹那种无始无终的流动感正是这种思想的体现。

东平壁画墓中的云气纹主要绘在墓的前堂顶部，前堂是墓主人起居之地，在前堂顶部装饰大量云气纹，并绘有太阳表明这里代表着天空。从绘画流程方面分析，一号墓前堂顶板的彩绘是在石板上先涂石灰水做底，再

云气纹

用墨线勾勒轮廓，然后添彩绘制而成。其云气纹勾勒大气随意，用笔流畅，一气呵成，回旋涌现的云气纹铺满画面，纵横大气，既具有装饰性又对画面布局起着至关重要的作用。从装饰布局方面分析，汉代艺术品普遍追求饱满大气的艺术风格，无论是汉画像石还是汉代壁画，其布局结构都是求满，但是满而不乱。云气纹在画面中的作用正好达到了这种"满而不乱"的效果。而从画面布局方面分析，云纹既起到了分割画面的作用，又互相联系、遥相呼应使整个画面产生整齐划一的效果。东平壁画中堂顶板的彩绘云气纹绘制在 7 块东西向组合的长石板上，其上云气纹舒卷起伏，巧妙地运用了曲、直、方、圆等对比因素，把 7 块石板连缀成一个视觉整体，使整个装饰布局疏密有致，整齐划一，增强了韵律感。

东平壁画墓中的云气纹舒卷起伏，笔墨流畅，其简约的云头、复杂的云躯和丰富的云尾，为后世云纹的继承和发展提供了十分重要的模式参照。

2. "以形写神""形神兼备"的中国人物画

在中国绘画史上，人物画是最先成熟起来的一个画科。人物画一贯把"形象""笔墨""神韵"的完美统一作为审美的理想来追求，强调"以形写神""形神兼备"。在绘画实践中重视"意"的造型和表现，既师法自然，又不为自然所役，把"神"的表现放在首位；讲究笔墨情趣，从而增强人物画的感染力。人对自身的关注及对神的拟人化，是中国人物画产生的源头，直到战国时代，中国人物画才开始脱离神的羁绊，逐渐走上写实的道路。

东平壁画中的人物形象众多。东平壁画前堂南壁绘画内容有对饮、舞蹈、仕女，西壁南部及墓门横梁上主要是对饮、方相氏驱疫仪式图及武士图，北壁上主要是历史故事、斗鸡图等内容。壁画中各类人物形象多达48人，均生动形象，形神兼备。绘制于墓门门楣内侧的12个武士栩栩如生，神态各异，其中既有眉须张扬、短褐露体者，又有肌肉凸凹、强壮凶恶者，莫不形象夸张，震慑心魄，达到了"以形写神"的神奇效果。其粗犷率意的风格代表了汉墓壁画的一个重要特征。与之相对应的是奉谒图和历史故事画，人物色彩艳丽且不失庄重典雅，造型比例匀称，线条流畅挺拔，刻画细腻精美，形态生动逼真，反映出汉代画匠对于"形神兼备"之画法的理解和高超的绘画技巧。

东平壁画中的人物之所以如此生动形象与其用线是分不开的。正是线条的流畅和动感赋予人物无限的生命力。在中国绘画中，线是绘画造型的基本手段，也是体现中国画艺术精神的最好的载体。线条不仅用来表现物体的轮廓，也用来表现物体的质感和明暗，中国画线条变化很丰富，有轻、重、缓、急、粗、细、曲、直、刚、柔、肥、瘦等区别。而单是中国古代

武士图局部

人物画衣服的褶纹,在长期的绘画实践中就总结出了 18 种描法,称为"十八描"。东平壁画中运用的线描技法已经较为丰富:门楣武士的头发胡须、西壁南侧下层方相氏的头发胡须运用了钉头鼠尾描,起笔处笔锋横切入纸,微顿后再行笔,到收尾的地方轻轻送出,整根线条的头部如钉子,末端如老鼠尾巴一样,因此称为"钉头鼠尾描",其中还穿插了蚂蝗描和铁线描。壁画中人物的衣纹大都是高古游丝描、混描、钉头鼠尾描、蚂蝗描(兰叶描)等线描技法的混合运用,特别是南壁壁画中层跳七盘舞的舞伎的长袖、西壁北侧上层升仙导引图中人物的衣纹、北壁壁画上层人物的衣纹都是高古游丝描最好的体现,线条如蚕丝一般,虚起虚收,纤细而流畅(此种描法灵动流畅是首要追求)。作为中国画发展的早期阶段,东平壁画虽未能将"十八描"的技法全部应用其中,但正是因为它是中国线描的初期阶段,才使我们可以从中管窥中国画线描技法的发展轨迹。

3. "重色"渲染的设色

东平壁画的色彩主要有红、蓝、青、绿、黑、白及相互调和后的各种复色,它们大都属于天然的矿物颜料,质重而覆盖力强,因此也被称为"石色"或"重色"。其中主要颜色可归纳为矿物色、植物色、动物色。矿物色包括朱砂、土红、石青、石绿;植物色包括青墨和藤黄;还有动物蛤粉。后屯壁画颜料就采用了不易褪色的矿物质,所以至今艳丽如新,色彩清晰。

壁画人物大都用墨线勾勒,再以青、绿加彩,用朱砂点睛,设色丰富而鲜艳。如壁画中墓门门楣武士的衣服、西壁南侧的表演舞蹈杂技人物衣服、方相氏人物衣服、南壁舞伎衣服、西壁北侧上层人物衣服即为绿色或青色。绿色和青色是用石青、石绿画出来的,色彩清雅,让人印象深刻。而人物的头冠和发须则着黑色。黑色的使用,不仅与较大面积的石青和石绿产生对比，而且使较为沉闷的墓室氛围有了生气和节奏感。另外，西壁北侧、北壁壁画上的人物有着彩的、有着墨的，这样就在色彩上达到有主有从、虚实相生的效果。东平壁画中的人物主要使用了青、绿、黑几种颜色，在墓室壁画中反复使用同样的几种颜色，其本身就决定了壁画的整体氛围，是使墓室整体色彩协调统一的重要方法。

东平壁画的设色方法总起来说有三种，主要有单线平涂法、没骨法、白描和点彩法。东平壁画中的人物大都使用了单线平涂法，其画法是中国传统绘画最基本的方法，先用墨线勾出轮廓，再用黑、红、青、绿等色彩平均填涂。除了平涂法，墓门南门门楣左边第二个人物衣服还使用了没骨法，所谓没骨法是直接用色彩勾画物象，不用墨线勾勒。白描法在东平壁画中也有应用，壁画北壁下层中鸡的画法就运用了白描法，白描法是只用墨线勾勒或只用一种色线勾出物象，而不填色彩的画法。这些设色方法在墓室壁画中全部运用并不多见。

绘画史上的转折

汉代墓室壁画是中国绘画发展史上的一个重要转折期，也是早期中国画技法发展的重要阶段。中国绘画古称"丹青"，这在一定程度上显示出了古画的面貌和古人对色彩的重视。东平壁画就是古代优秀"丹青"作品的代表，它从不同角度反映了汉民族和汉代艺术家的思想文化观念与审美意识特征，形成了独特的艺术风格。

东平壁画的形式和内容是时代的产物。在中国传统绘画的基础上，东平壁画融合了充满幻想的南国楚地浪漫主义艺术风格和北方中原刚健豪迈注重写实的绘画特点，作品大气磅礴，令人感慨，它真实反映了汉代艺术气势古拙的美学意蕴和深沉宏大的时代精神。东平壁画的内容取材于中国历史故事、名人典故和乐舞杂技等，充分体现了中华民族的道德观念和文化背景。专家认为秦汉美术基本上是在较少外来文化影响下发展起来的中国本土文化，是比较纯正的华夏民族艺术和东方文明之光，启示和促进了中国美术的发展。同时在一些外来因素的影响下，它又超越了本土文化，开创了中国传统绘画的先河，对中国绘画艺术产生了深远的影响。

东平壁画在表现手法上，发展了以毛笔为主要工具、以墨为主要材料、以线描为主要造型手段的造型观念；在画家构成上，以民间画工为主体，成为汉代最有时代特色的画种，尽管它不能代表都城文化的最高水平，确切地说它只能代表那个历史时期的民间水平，但也足以让世人感叹，佩服古代画匠高超的艺术创造才能和丰富的艺术想象力。

后世与之相仿的画作，首推传为东晋顾恺之所作的《女史箴图》，顾恺之是东晋最伟大、最具有代表性的划时代人物，是中国画史中有作品可考的第一人。他作画力求以形写神、形神兼备，主张画人物要有传神之妙。其画作中的人物运用强劲有力的细线，衣服线条流畅而飘逸，优美生动，并用淡墨渲染增强质感，充满艺术魅力。《女史箴图》中的女主人与东平壁画上部的仙人形象相似度非常高。《女史箴图》中的人物同样运用了"十八描"中的铁线描和高古游丝描，如第四段画两女相对妆容中的人物，人物衣纹的线条均匀而有节奏，连绵环绕、悠缓自然，创造了线条的复杂韵律，

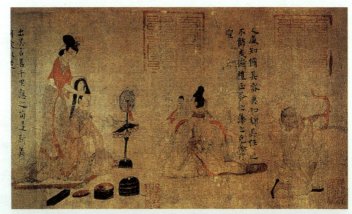

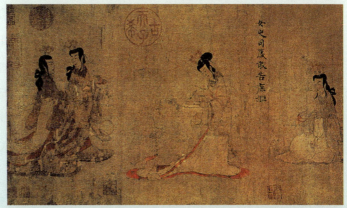

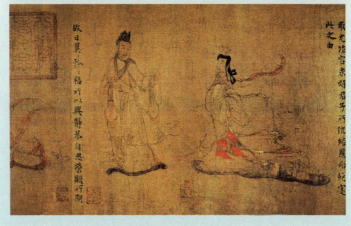

女史箴图局部

波状翻转的衣褶、飘带，精心梳妆的发型等都表现出感性和飘逸动感的活力。《女史箴图》中的用线达到了极高的水平，东平壁画中的用线也绝不逊色，除了人物的用线外，上文提到的云纹用线的稳健和流畅也体现出了画匠的极高造诣。《女史箴图》和东平壁画虽有相似之处，却不可完全等同而语。二者的区别在于顾恺之是典型的画家，而不是创造东平壁画的一般画匠，画匠与画师的联系在汉晋转折之际究竟怎样相互影响、相互促进甚至相互融合，这是中国美术界仍然需要进一步梳理和解决的问题。

除了用线方面的相似外，东平壁画与《女史箴图》在构图和设色方面也有着一脉相承的关系。二者都运用以墨线勾勒，再平涂填色的艺术手法，从构图上突破了秦代以来图案式横向排列的呆板样式，已比较重视物象的比例和透视关系，讲究画面的艺术效果。《女史箴图》中"修容饰性"一段，端坐对镜的梳妆仕女脸型圆胖，神态端淑，有汉画遗风，而立者面相清秀、身材修长，有南北朝"秀骨清像"的意味，其目光专注、神情恭谨，符合人物身份，刻画可谓惟妙惟肖；其第三段中画冈峦重叠，人物射猎于山间。作者在画人物之后，还彩绘了连绵起伏的山峦，不仅烘托了画面气氛，还像一条纽带，使人物更加关联，打破了横卷式画面那种人物平列的呆板格式，同时表现出山水画萌芽期的面貌。

东平壁画无论在构图、色彩还是人物造型上都取得了前所未有的巨大成就，表现出中国美术在变革和技法上的进步，不仅对研究汉代壁画、了解汉代社会的发展有重要的价值，而且在把握早期中国绘画艺术的萌芽、发展和演变方面，都提供了极其宝贵的实物资料。

本篇撰稿人：朱　华

⑩ "东方维纳斯" 的坎坷传奇
——东魏·蝉冠菩萨像

文物级别： 二级

材　　质： 青石

制造年代： 东魏（534—550）

外形参数： 身高100厘米、头高18厘米

出土时间： 1976年出土于山东省博兴县

收藏情况： 山东博物馆"佛教造像艺术展"展厅

推荐理由： 中国古代最早的"蝉冠"实物资料，将蝉冠装饰在佛教造像上极为罕见，至今仅见于山东，因此弥足珍贵。尤其是其被埋身后的历史故事、曲折的发现经过以及辗转流落国外14年复又追回的传奇经历，使其充满历史的沧桑与厚重，是文物话历史的典范

蝉冠菩萨像头部像

　　蝉冠菩萨像，头微前倾，嘴角微翘，面含笑意；饰花鬘宝冠，宝缯下垂遮耳，至两肩各立一圆饼形饰。头后有硕大的莲花背光，直径54厘米，中心浮雕覆莲，外刻6个同心圆，上有彩绘，惜多已脱落。菩萨身上装饰十分华丽，上身着天衣，颈饰璎珞及项圈，悬铃；另有繁缛的璎珞、帛带自两肩下垂，交叉于腹前，垂至膝下绕向身后，腹前交叉处装饰一颗硕大的宝珠。下身着长裙，裙裾处褶皱密集，两边髋下饰佩，腹部微前凸。此菩萨像运用直平和漫圆刀法，雕刻细腻，造型精美，装饰华丽。

蝉冠菩萨像是我国古代难得的佛教造像精品。最为引人注意的是菩萨宝冠正中雕刻了一只非常醒目的蝉，静态蛰伏，羽翼丰满，造型生动，这在佛教造像中极为罕见，因此被命名为"蝉冠菩萨像"。世界上有"蝉冠"的雕像非常少见，迄今仅发现两例，此尊菩萨像是其中保存较好的一例，弥足珍贵。

蝉冠菩萨世所罕见

蝉冠菩萨像历尽岁月风尘，穿越千年，虽然它出土时即断为三节，双手小臂缺失，足部不存，鼻子左侧也残缺，身上还有几处破损，但仍难掩其俊秀之姿。其雕工精细，形态优美，面容慈祥睿智，衣服飘逸舒展，装饰流畅繁复，宝冠上的蝉纹装饰栩栩如生，因双臂残失，又有"东方维纳斯"之誉。

菩萨像头后有巨大圆形头光，象征佛教之神散发的光明；衣着十分得体，戴高冠、披帛带、着长裙；装饰品也十分华丽，佩项链、嵌宝珠，象征菩萨成佛前高贵的世俗形象。菩萨雕像身躯修长，衣服略薄而贴体，衣褶密而不厚，整个形体已显出轻灵之意，而无北魏时期厚重之感，尽显北朝时期"秀骨清像"的特点，是一尊典型的东魏时期（距今约1500年）作品。

无独有偶，1996年10月，在山东青州龙兴寺遗址轰动世界的佛教造

菩萨像

青州博物馆藏

像窖藏中，也有一件菩萨像宝冠上刻有一蝉，堪称这批佛教造像中的精品。

山东青州龙兴寺遗址出土的这件菩萨像，彩绘，石灰石质，高113厘米，时代北魏—东魏。菩萨像面带微笑，弯眉细眼，面部丰满。头部有背光，惜已残断。肩披天衣，右肩所立的圆饼状饰完好，左肩缺失。颈饰项圈，下坠宝珠忍冬。繁缛的华绳璎珞自两肩下垂，交叉于腹前的环珠，垂至膝下绕向身后。裙腰束带又垂直腿部成繁复的裙褶。菩萨像的双手及小手臂也大部残失。菩萨头冠、衣饰上饰彩绘。菩萨宝冠正中也雕刻一蝉，大眼、长足，双翅微张，似要展翅飞翔，形象丰满，栩栩如生。该菩萨像与山东博物馆馆藏的蝉冠菩萨像无论造型、装饰、形态，都有许多相似之处，时代也相近，体现了该时期菩萨造像的典型风格。

发现过程曲折离奇

蝉冠菩萨像的出土是一次无意更是无奈之举。

1976 年 3 月，山东省博兴县陈户镇张官村一位村民挖土垫房基时，挖出了一堆佛像，这些佛像大部分是石头做的，出土时整齐地排列在土坑内。佛像的质地有青石、白石、白瓷素烧；形态有单躯、三躯；大多为圆雕、高浮雕。可惜的是，当博兴县文物部门闻讯前来勘察时，现场早已破坏，大部分石像早已被附近村民当作石料分别运走。殊不知，后来闻名世界的蝉冠菩萨像就在其中！

经当地文物干部不懈的努力，几年间共找回了几百余件残块，黏接修复后，合计收回造像、造像座等残缺个体 73 件，计有造像碑 1 件、石造像 24 件、模印白瓷素烧造像 4 件、佛头 9 件、菩萨头 9 件、模印白瓷素烧菩萨头 1 件、造像座 12 件、模印白瓷素烧造像座 2 件、带足榫 11 件。蝉冠菩萨像就是其中最为珍贵的一件。

蝉冠菩萨像发现之时就已断为三截，当地文物干部李少南前后用了三年的时间分三次从三位村民家中分别找到，终于拼接成一尊断臂的菩萨像，尽管如此，这已算是最完整最精美的一尊造像了，艰辛的走访最终获得了神奇的回报。

据李少南的介绍，1979 年，文管所开始对这批文物进行抢救、征集，先后历时三年。"为一件造像不知要跑多少腿，磨多少嘴。把一件造像或

蝉冠菩萨像侧像

残件征集来了，我再用自行车、地排车，从几十里远的村子里往县城带。"据李少南回忆，失窃的北魏菩萨造像是从张官村一带征集到的几百块造像残件中认定的三部分黏合复原的。上身最为精美的部分是 1980 年 5 月 5 日在赵楼村村民赵神之家中发现的。赵神之当时对李少南说："幸亏你今天来了，我正打算把上面的脑袋和半截身子砸了去，修整成一个圆桌面。你再晚来两天就糟了！"

1982 年 1 月 1 日，北魏菩萨造像等这批文物开始整理展出。1983 年 7 月《文物》杂志刊发了题为"山东省博兴县出土的一批北朝造像"的有关这批佛像的发掘简报，在社会上产生了不小的影响，甚至有一位叫松原三郎的日本老人不顾年老体弱前来参观。这批造像的雕刻技法以直平刀法和漫圆刀法相结合，有的雕刻精美细腻，有的则凝练概括。衣纹的处理都能达到随体态运势运转，线条自然流畅。这批造像的出土，为研究我国南北朝佛教的流行情况和佛教艺术提供了实物资料，其中有确切纪年铭文的造像所表现的服饰、面相、体态等特点

山东青州龙兴寺造像

及雕刻技法，对研究佛教造像的分期断代有重要的参考价值。

从 1976 年出土到 1982 年完整归藏当地文物管理所，蝉冠菩萨像的亮相过程似乎暗示了它出土之前和出土之后的曲折经历。然而这个时候，蝉冠菩萨像的苦难并没有就此结束，它在被博兴县文物管理所收藏之后，又续写了另一段坎坷的传奇故事。

漂洋过海失而复归

1994 年 7 月，一个大雨滂沱的深夜，蝉冠菩萨像突然不翼而飞。此后几年间杳无音信。

直至 1999 年 12 月，两封信函几乎同时揭示了蝉冠菩萨像的迷踪。一封是托名北京大学中国著名学者宿白先生书写的寄送给中国社会科学院考古研究所杨泓先生的神秘信件，另一封是来自米西奈斯古代艺术基金会主席玛利奥·罗伯特先生的信件。原来蝉冠菩萨像被盗后流转到英国文物市场，1995 年被日本美秀博物馆（MIHO MUSEUM）花费巨资（1 亿日元，约合 88 万美元）从英国伦敦的美术商手中购得，并在 1997 年该馆开馆时正式展出。后经中日协商，同意该石像所有权归还中国，但可在日本 MIHO 博物馆借展至 2007 年年底。借展期满后，石像从大阪乘船送返山东。失踪国宝终于回家了。从 14 年前的神秘被盗到流失海外，再到后来的跨国追索，北魏菩萨造像回归之路充满了曲折与艰难。然而，有多少人知道这一事件背后那蹊跷的传奇故事，又有多少人知道使珍贵文物得以回归祖国的真正功臣呢？

事情还要从 1999 年的那封神秘的举报信说起。

1999 年 12 月的一天，中国社会科学院考古研究所的杨泓先生，急匆匆来到位于沙滩老北大红楼的《文物》编辑部，找到《文物》月刊编审李力先生，他第一句话就说："给你看一件奇怪的东西。"说着拿出一个大信封放在桌上。那是常见的 16 开黄牛皮纸信封，因经历辗转邮寄，边角已经有些磨损了。上面用钢笔手写着收件人和寄件人的地址和姓名，字有些稚拙潦草。左上方的收件人地址处写着"北京，王府井大街 27 号，中国社会科学院考古研究所"；中间收件人名字处写着"杨泓"；右下方寄件人地址处写着"北京市，朗润团 × 公寓 ×× 室，宿白"。

宿白先生是北京大学考古系教授、我国佛教石窟寺考古权威学者，他是杨泓先生的老师，也是《文物》月刊多年的编委和作者。近几十年来，宿先生关于佛教石窟寺考古的文章，都是李力做责任编辑，他对宿白先生的字非常熟悉，也经常去宿先生在北大的家。所以他一眼就看出信封上的字绝不是宿白先生写的，所署地址和门牌也都不对，不但没写北京大学，而且将先生家住的北大"朗润园"写成"朗涧团"。更奇怪的是，信封右上角邮局挂号邮戳的地址显示，此信并不是寄自北京市内，竟是发自南方——"广州长寿西路"。

再看信封里面，只有一本日本 1997 年开馆的著名私人博物馆———滋贺县美秀博物馆的藏品展览图录。图录第 34 ~ 35 页刊登一件有巨大莲花头光的石雕菩萨照片，这两页之间夹着三张白纸：一张复印了我们《文物》月刊 1983 年第 7 期的封面；一张复印这期刊发的考古简报《山东省博兴出土一批北朝造像》，那是当地新出土的 6 张北朝晚期（约公元 6 世纪）石雕佛、菩萨照片；最后一张为白纸，上面只醒目地用中文繁体字由右至左书写两个大字："国宝（繁体）"。

当时，两位先生感到莫名其妙：为何一封来自广东的邮件，要冒用北大宿白教授的名字呢？日本那家博物馆的展览图录，与 1983 年第 7 期《文物》发表的石雕菩萨像又有什么关系？邮寄者为什么要把它寄给杨泓先生呢？

作为那篇山东博兴出土造像简报的责任编辑，李力先生很快就找出那期刊物和那篇稿件相关的原始资料。他们仔细分析后发现，美秀博物馆馆藏品图录那件石雕菩萨立像，与图录中夹的第一张复印纸，即《文物》1983 年第 7 期中的一张"青石单身菩萨像"完全相同。这件石像是 1976 年，山东省博兴县张官大队出土的一处北朝晚期佛教造像窖藏中的一件，造型庄严华美，尤其是腹前一硕大圆凸的"严身轮"珠饰和颈后巨大的同心圆莲花头光极为独特醒目，是过去国内佛教造像中罕见的。两位先生由此做出了初步判断：

1. 日本美秀博物馆收藏并展出的那件石雕菩萨像，与我国山东省博兴

县 1976 年出土,即 1983 年《文物》中发表的一件石雕菩萨像是同一件东西;

2. 这件文物已经流失海外,现藏日本美秀博物馆;

3. 有人发现了这件事,用这种特殊方式通报了这一信息,意在提醒你们的"国宝"已流失海外。

根据这些判断,两位先生决定先与山东方面联系,了解这批造像的保存现状。山东省博兴县文物管理所的这件菩萨像,果然已于 1994 年丢失。李、杨两位先生商量后,决定带着这封"神秘来信"和有关材料到北大去见宿白先生。

宿白先生接过图录,第一眼就看出:"哎呀,这菩萨头上戴的还是蝉冠呢!"仔细一看,果然在菩萨所戴花冠的正前方,雕饰着一只形态极为写实的"蝉"。这种蝉冠原是南北朝时贵族的冠饰,考古发现中多见报道。李力先生立刻想到博兴的近邻青州,1996 年出土并轰动海内外的龙兴寺佛教造像窖藏中,也出土了一件戴蝉冠的 6 世纪东魏菩萨像。宿白先生仔细看了材料后说,包括这件蝉冠菩萨在内的这批博兴造像,从时代到题材,从造型风格到雕塑技法,都表现出与青州造像极为相似的神韵和风采。它们应是属于同一历史时代,同一地域系列的作品,具有极高的历史和艺术价值。在宿白先生的叮嘱下,他们迅速向有关部门汇报了情况,并向山东方面寄送了相关材料。

当时在北京大学任客座教授、美国芝加哥大学艺术史系的巫鸿教授听说了此事,他对国外情况比较了解,看了这些材料后很有信心地说,既然这件东西在《文物》正式发表过,而且刊登了图像,又有准确的出土时间和地点,就是有了它原属国家和地区的确凿证据,按照有关国际公约和惯例,完全有可能追索回来。2000 年 4 月,经巫鸿先生介绍,美国《纽约时报》北京分社社长、驻京首席记者康锐 (Erlk. Eckholm) 登门采访了杨泓先生。2000 年 4 月 20 日《纽约时报》艺术版发表了他题为"被窃的中国文物在日本展出吗？"的长篇报道，详细追踪了这一事件的始末，还就此事采访了山东博兴县文博部门、日本美秀博物馆以及转卖此造像的英国伦敦某文物商人。山东博兴方面的回答是，该菩萨像于 1976 年在当地出土，一直保存在县文管所，1994 年 7 月 4 日深夜被窃，至今下落不明。当看到美秀博物馆图录所刊照片，他们马上认定这正是丢失的那件文物。美秀博物馆的解释是，此石雕菩萨是该馆 1995 年 10 月从伦敦一位名叫 Eskenazi 的文物商人处购得，但他们认为现在尚不能证实其与山东博兴丢失的石像为同一件东西，并表示即使它确是 1994 年被盗的中国文物，也不会将其无偿还给中国，因为他们"已尽最大的努力保证藏品的来源可靠，而且我们购买此像并不出于恶意（所谓善意持有，指不知情的买者）"。但同时博物馆负责人也表示，愿意同中方协商解决可能引发的纠纷。至于转卖此像的英国伦敦文物商人 Eskenazi，在以传真件回答有关问题时表示，菩萨像是购自伦敦一家历史悠久的知名展览馆，但他拒绝透露该展览馆的名字。《纽约时报》还援引中国有关官员的话说，目前中国内地文物被盗到海外，通常是先走私到香港，被制造出一些合法的假身份后再转给欧洲、美国和日本的商人、画廊和拍卖行。《纽约时报》的报道指出，按照 1970 年通过的联合国教科文组织《关于禁止和防止非法进出口文化财产和非法转让其所有权的方法的公约》，所有签约国均应保证归还被证明是被盗窃的文物，如果一件文物 1970 年以后第一次出现在它的国家以外，"那么一个有尊严的博物馆就不能购买它"。《纽约时报》的报道引起了不小的反响，包括日本在内的世界许多媒体都做了转载，多位专家学者纷纷撰文或发表谈话，呼吁加强对古代艺术品的保护，同时敦促中日双方协商解决好文物的归属问题。这就使得美秀博物馆不得不认真面对这一棘手的问题。

美秀博物馆，是由日本战后新兴宗教团体神慈秀明会的会主小山美秀子女士亲手创立。馆舍设计者正是最有名的美国华裔建筑师贝聿铭。凭借强劲的经济实力，馆内收藏了大量世界各地的珍贵艺术品。

当得知花了大价钱买回来的石像是被盗物，美秀博物馆当然很紧张，他们在 2000 年 2 月就曾派人到山东博兴，直接找到《文物》发表该出土简报的作者，邀请他和县里的几位官员到日本访问。2000 年 8 月，当情况已日见明朗时，中国国家文物局的官员当面向神慈秀明会会长小山弘子女士（已故小山美秀子的女儿），表明了我国家文物局的严正立场：凡是有确凿证据被证明是非法走私和盗窃的中国文物，我国政府都将依照法律及有关公约进行追索。而这件被盗中国文物的"确凿证据"，正是 1983 年第 7 期《文物》月刊发表的简报和图片。

毕竟，美秀博物馆是一家"体面和有尊严"的博物馆，在经过与中国方面长达 8 个月的磋商谈判后，最终同意将这件文物无偿返还中国，中方则借鉴以往印度和美国解决印度被盗文物归属的解决办法，在征得国家有关部门的同意后，决定石像可以在美秀博物馆借展 6 年。2001 年 4 月 16 日，中国国家文物局与美秀博物馆就此事达成协议，并正式签署《备忘录》，日方承诺自当年算起，在 2007 年年底将这尊稀世珍宝无偿归还给中国。2007 年 3—5 月，为了答谢美秀博物馆无偿赠还菩萨像的诚意，山东省文化厅专门在美秀博物馆举办了一个名为"中国山东省佛教美术"的展览。2008 年 1 月，在外流浪长达 14 年的蝉冠菩萨像终于回到故乡，入藏山东博物馆。山东博物馆也因此与美秀博物馆结下了良缘，按照先前签订的赠还协议，蝉冠菩萨像此后每 5 年到美秀博物馆展览一次。

只要了解本文所记事件的前后经过，就不难发现，其实这件国宝得以回归，最重要的"推手"，正是 1999 年给中国学者写信的那位"神秘举报人"，

美秀博物馆

是他将《文物》十几年前发表的一件出土造像,与日本美秀博物馆的一件藏品联系起来,并挑明了两者之间的联系。但是,要做这件事情,难度真的非常大。20 年前的《文物》月刊,几乎没有彩图,黑白照片的质量也不高,那件菩萨像的黑白照与同时出土的多件石像照片排在一起,一点也不突出。另外,美秀博物馆 1997 年开馆,到 1999 年该像东窗事发,一般中国人去得还很少,曾有国内几位非佛教文物方面的专家被邀去过,也没有发现问题。

所以,在 1999 年刚收到那封神秘来信时,杨泓等先生就根据笔迹和书写方式判断,这位投书人是一位特殊的知情者,很可能是一位日本人,还应该是一位中国佛教艺术的爱好者,或者就是这一领域的同行学者也完全可能。因为他显然很了解宿白、杨泓两先生间的师生关系,以及他们在中国佛教石窟寺考古和美术考古方面的重要身份和地位。正是他的准确提示，让中方有了这件"国宝"文物身份的"确凿证据"，也让美秀博物馆这个体面而有影响力的藏家难有回旋之余地。

但至今，我们仍不知道这位神秘的举报者是谁。

佛像劫难与蝉文化

博兴县张官村村民所挖的土坑实际上是一座古代埋藏佛像的窖藏坑。古人为何要埋一坑残损成块的佛像？为何佛像都残破不堪？这得从千余年前佛像经历的灾难说起。

在皇室和朝廷的大力扶持之下，南北朝走进了中国佛教兴盛的第一个高潮时期。当时佛教盛行，据史书记载，北齐大肆修寺造像，"穷极工巧，运石填泉，劳费亿计，人牛死者不可胜记"。由于佛教的大肆兴盛，才得以制造出如此精美绝伦的蝉冠菩萨像、青州龙兴寺佛教窖藏等一系列佛教造像精品。但是由于佛教的兴盛，威胁到了朝廷的统治，在皇帝和朝臣的操纵下，短短的二百年间就出现了两次大规模的灭佛事件，佛像和寺院均遭受毁灭性的破坏。属于北齐管辖的山东地区经历了中国历史上的第二次大的灭佛运动,即公元 577 年,北周攻灭北齐后,北周武帝将北齐境内"四万所佛寺财产没收,使三百万僧人还俗"。张官村附近是北朝时期龙华寺遗址,龙华寺出土的隋代寺碑记录了这次灾难的场景，"像天塌下来了一样，寺院的梁柱倾倒坍塌，僧人们被迫离开寺院，流离失所"。龙华寺可能就是在东魏、北齐之际修建，这批造像也应当是在当时雕造的。这批窖藏造像在发现时大都已经断裂，造像各部位有不同程度的残损，还有未雕完的半成品，显然雕造工程尚未最后结束，即因这次灭佛运动被毁而埋入了地下。

博兴县张官村窖藏坑内佛像均系东魏至北齐时期遗物，人们推测它们就是这次灭佛运动的受害者和见证者。佛教认为佛涅槃后，会经过正法、像法、末法三个发展阶段。所谓末法，即指佛法灭绝。这种思想源自古印度，佛教宣扬末法思想，是要求佛教徒应有忧患意识，努力使佛法久留，造福众生。所以，经过北朝的灭佛运动后，佛教信众并未就此悲观下去，反而对末法观点深信不疑。大规模的佛教劫难之余，佛教信众也逐渐形成了埋藏佛像的习俗，他们将成堆的残破佛像收集起来，像埋葬佛教舍利一样挖坑埋藏起来。

为什么佛教的菩萨造像上会有"蝉冠"呢？

顾名思义，"蝉冠"就是装饰有蝉纹的帽子，文献记载，蝉冠为古代官员所佩戴，除了蝉纹外，有的还在帽子上装饰貂尾，蝉冠最早出现在汉代，是当时陪伴皇帝左右的侍从官专门佩戴的帽子。侍从官是皇帝身边的顾问，颇得信任。《艺文类聚》卷六引应劭《汉官仪》："侍中左蝉右貂，金取坚刚，百炼不耗。蝉居高食洁，目在腋下。貂内劲悍而外温润。"魏晋时期，侍从官权力日益加强，甚至盖过宰相。作为侍从官身份标识的蝉冠也日渐成为权贵的象征，为一般官员所追捧。因为政局不稳定，这一时期蝉冠的使用较为泛滥，一些图谋不轨的高官常常给自己的亲信随意加官晋爵，《晋书·赵王伦传》："（赵王伦篡位）同谋者咸超阶越次，不可胜计。至奴卒厮役,亦加以爵位。每朝会,貂、蝉盈坐。"也就是说,朝廷上随处可见戴貂、蝉冠的官员。因为貂尾太小,与狗尾相近,时人为之谚曰:"貂不足,狗尾续。"这就是成语"狗尾续貂"的来历。

到了南北朝后期,蝉冠的使用受到限制。当时人们常以"蝉冠"比喻显贵、高官,例如唐代诗人白居易《题裴晋公女几山刻石诗后》中"公今在何官,被衮珥貂蝉";南宋词人陈人杰《沁园春》中"象笏堆床,蝉冠满座",均是这一制度的写照。隋唐时期,蝉冠的佩戴有严格的规定,局限在少数官员的范围内;唐代以后官员不再佩戴蝉冠。关于明确为蝉冠的实物资料,最早的当是山东出土的这件东魏时期的蝉冠菩萨石像,也曾发现多例晋代的蝉纹金牌,有人认为金牌是官帽上的蝉饰,但尚无确切的证据。

为何在官员的帽子上装饰蝉纹呢?

蝉在我国古代被认为是"居高食洁""清虚识变"的昆虫,因此将戴蝉冠者比喻为能够韬光养晦、默默地奉献自己才能的人,与汉代侍从官的身份比较符合。晋代人陆机著《寒蝉赋》,认为蝉有五德:"文,清,廉,俭,信,真是君子所德。故君子常以蝉自喻。"将蝉加在冠冕上,象征戴冠之人具有这些美德。可见当初朝廷用心良苦,希望戴蝉冠者不但要德才兼备,而且要行事低调,不料日后被一些贪官污吏所滥用,成为他们沽名钓誉的象征之物,成为莫大的讽刺。

蝉冠的这种寓意是以儒家道德为准则的。菩萨是佛教信徒崇拜的偶像,菩萨像为什么也装饰蝉冠?这还得从蝉的生理和人类赋予蝉的喻意说起。

蝉在中国古代象征复活和永生,这个象征意义来自于它的生命周期:最初,蝉的幼虫长期蛰居地下,若干年后出土,成为地上的蝉蛹,然后升树、脱壳,羽化为昆虫,飞翔、高鸣。蝉的饮食习惯非常特别,它只刺吸树木等植物的汁液。因此,古人认为蝉栖于高枝,餐风饮露,不食人间烟

东晋官帽上的蝉纹

唐代官帽上的蝉纹

火，高风亮节，能死而复生，是一种变化神奇的吉祥动物。正是蝉具有如此神奇的生理特性，蝉很早就成为中国艺术的题材，在商周时期的青铜器上十分常见，当时的人们将蝉视为自然界的灵物，把蝉刻画在礼器上作为装饰图样，以此祈求四时风调雨顺，农作物丰收。从周代后期到汉代葬礼中，人们总把一个玉蝉放入死者的口中以求庇护和永生，并发展成为一种流行的丧葬习俗，一直持续到魏晋南北朝时期，即所谓的"含蝉"。这种含蝉的葬俗，除了相信玉能保持尸体不腐朽之外，还含有祈求尸体能像蝉一样羽化成仙的寓意。早期道教更是以"蝉蜕"来比喻人类羽化成仙，蝉也成为仙界的灵物、不死的象征。

中国早期佛教接受了本土民间神仙思想和道教观念，常常把佛和菩萨视为神仙，因此菩萨冠上装饰蝉纹，也就不奇怪了，这也是佛教造像中国化的一个极好例证。而且，至今在山东某些地方的方言里，还把蝉称为"神

蝉纹拓片

青铜器上的蝉纹

仙"，当为这种信仰的历史遗留。

佛教蝉冠以蝉的生死循环，表达了佛的永恒和佛教的轮回观念。在佛教徒的文辞里常常提到"蝉冠"一词，如广饶北魏根法师碑即有"昂藏峻绪，渺漫长潇，缤纷组带，蝉联缨冠，或智或愚，能危能安"之句，显示佛教蝉冠依然具有世俗的意义，同样象征了佛教神像高贵和令人仰止的气质。

如今，蝉冠菩萨像作为一件文物珍品，褪尽了宗教的铅华，却满载了历史的曲折与沧桑，静静矗立在山东博物馆"佛教造像艺术展"展厅的独立展柜里，默默地诉说着它所经历的荣耀和传奇，苦难和酸辛，接受着世人的瞻仰与感喟。

本篇撰稿人：宋爱平

⑪ 现存最牛"乌纱帽"

——明·九旒冕

文物级别： 一级
材　　质： 竹、木、丝、金、铁、玉石及大漆等多种材料
制造年代： 明代（1368—1644）
外形参数： 冕冠通高18厘米、 板长49.4厘米、宽23.5厘米、筒径18.5厘米
出土时间： 1970年山东省邹城明代鲁荒王朱檀墓出土
收藏情况： 山东博物馆 "明代鲁王"展厅
推荐理由： 我国目前发现唯一一件保存完好的明初亲王冕冠实物，是研究
　　　　　　我国古代服饰、礼制极为珍贵的实物资料

旒冕，是帝王的礼帽，只有皇帝、太子、亲王才能佩戴。冕冠形制过去在绘画中常见，诸如武梁祠汉代刻石上的黄帝、尧、舜天子像，唐代阎立本《历代帝王图》，宋代李唐《晋文公复国图》，明人所作圣迹图中的孔子像等。这些画像人物头戴冕冠，身穿冕服，冠冕堂皇，仪表威严。但今天能见到的冕的实物，除了袁世凯复辟时穿戴的那件未被国人认可的"皇帝冕"外，只有鲁荒王朱檀墓出土的九旒冕。

　　九旒冕，制作年代是明代洪武年间（1368—1398），采用了竹、木、丝、金、铁、玉石及大漆等多种材料，由冠武、金簪、綖板、旒等部分组成，每个部分都有不同的象征意义。

　　冠的主体叫冠武，圆筒形，直径 17.6 厘米、高 17.9 厘米，用竹篾编制成六边形网格状，表面敷黑漆；冠武边缘镶以金圈、金边；冠武两侧有梅花金穿，贯一金簪。

　　冕的顶部覆盖一长形木板，称为冕板，又叫作"綖板"，长 49.4 厘米、宽 23.5 厘米，上面涂黑漆，以示庄重。綖板前圆后方、前低后高。前圆后方象征天圆地方，有天子是奉上天旨意来治理天下之意；而前低后高，呈前俯之状，象征皇帝有谦恭的美德，能倾听民意，关怀天下百姓。

　　綖板前后系垂旒，前后各垂 9 道旒，每道旒上有 9 颗玉珠，分赤、白、青、黄、黑 5 色，现存玉石珠共计 152 颗。下垂的旒除了表明佩戴者的身份外，更重要的是遮挡住佩戴者的视线，使其目不斜视，不见不正之物。

　　綖板下有玉衡，连接于冠上两边凹槽内。玉衡长 22.5 厘米、宽 1.5 厘米、厚 1.2 厘米；衡两端有孔，两边垂挂丝绳直到耳旁，至耳处系着一块美玉，即所谓"充耳"。佩挂这种玉石的目的是为了"止听"，来提醒佩戴者切勿轻信谗言。

保存完好的亲王冕冠

鲁荒王墓坐落于邹城市东北的九龙山南麓，坐北向南，依山建造。东有卧虎山，西有玉皇山，南面一片沃野，与朱山遥遥相对；墓园前面为白马二泉，为白马河源头。

1970 年，山东省文物管理部门接到报告称邹城市九龙山南北端的汉崖墓和大墓（当时尚未知是朱檀墓）遭到盗掘，所幸未盗及墓室。受上级部门委托，山东博物馆组织人员，在当地驻军的配合下，对大墓进行了科学发掘。

由于墓葬常年积水，且墓室未被盗扰，文物保存较为理想。墓内共出土器物 1116 件，其中不少为稀世珍品，如木制贴金的"鲁王之宝"金印，绚丽多彩的戗金云龙纹朱漆盝顶箱，雕刻精细的彩绘木俑仪仗；另外还有唐代斫制的"天风海涛"琴，元代钱选的工笔白莲画以及 7 种 21 册宋、元时期刊印的古籍善本等。这些珍贵文物完整呈现了明朝初年亲王的奢华生活，而最能代表皇家威仪的则属九旒冕。

九旒冕的主人是鲁荒王，名朱檀，为朱元璋第十子，生于洪武三年二月丁丑（1370 年 3 月 15 日），同年受封为鲁王，洪武十八年（1385）就藩兖州。由于其喜读诗书，富文采，朱元璋对他甚为疼爱。就藩山东后他沉

由南向北 远端为九龙山峰

溺于纸醉金迷的奢华生活中，并一心追求长生不老，终日焚香诵经，烧炼"仙丹"，终致"饵金石药，毒发伤目"，最后病入膏肓，百医无效，于洪武二十二年十二月庚戌（1390年1月2日）毒发身亡。因生前行为荒唐，得谥号"荒王"。

荒王临死前他的侧妃戈氏生了一个儿子，就是后来的鲁靖王，靖王长寿，子孙繁盛。鲁王一系是明代诸王里传世最久的一支，共293年。末代鲁王朱以海称"监国鲁王"，是南明重要的抗清力量。

衣裳之源，旒冕之制

1. 十二章纹

中国古称华夏，以礼仪之邦闻名于世，而衣冠很早便成为华夏民族难以释怀的情结，所谓"中国有礼仪之大，故称夏；有章服之美，谓之华"。

服饰在华夏文化中，除了"避寒暑、御风雨、蔽形体"等实用功能外，还有着"知礼仪、别尊卑、正名分"的特殊含义。在强调"名正言顺"的华夏文化中，衣冠渐渐升华为文明的象征，形成所谓"章服之制"。历代帝王问鼎天下后的第一件事便是"改正朔、易服色"。在悠悠几千年的华夏历史中，衣冠除了标识尊卑等级外，同时见证了民族更易、文明起落。

所谓章服，一般是指绣有日月、星辰等图案的古代礼服。其中，上衣6种图案：日、月、星辰、山、龙、华虫。下裳6种图案：宗彝、藻、火、粉米、黼、黻。上衣、下裳合称"十二章纹"。

章服中的每种图案有着不同的含义。日、月、星辰代表三光照耀，象征着帝王皇恩浩荡，普照四方。山，代表着稳重性格，象征帝王能治理四方水土。龙，是一种神兽，变化多端，象征帝王们善于审时度势地处理国家大事和对人民的教诲。华虫，通常为一只雉鸡，象征王者要"文采昭著"。宗彝，是古代祭祀的一种器物，通常是一对，绣虎纹和蜼纹，象征帝王忠、

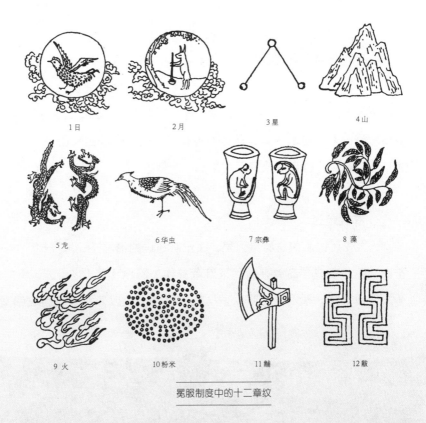

1 日　　　2 月　　　3 星　　　4 山

5 龙　　　6 华虫　　　7 宗彝　　　8 藻

9 火　　　10 粉米　　　11 黼　　　12 黻

冕服制度中的十二章纹

孝的美德。藻，则象征皇帝的品行冰清玉洁。火，象征帝王处理政务光明磊落，火焰向上也有率士群黎向归上命之意。粉米，就是白米，象征着皇帝给养着人民，安邦治国，重视农桑。黼为斧头形状，象征皇帝做事干练果敢。黻，为两个己字相背，代表着帝王能明辨是非，知错就改的美德。

章服制度，大约形成于周代，《周礼》中就有相关记载。但章服制度真正确立则是在东汉初年。东汉永平二年，汉明帝制定了详细的祭祀服饰及朝服制度，规定：天子用十二章，三公、诸侯用九章，九卿用七章。从此以后直到明清，十二章纹作为帝王百官的服饰，一直沿用了近两千年。

　　中国古代的章服之制，文献记载很多，但流传下来的实物却很少。明定陵出土的一件衮服为我们了解古代章服之制提供了宝贵的实物资料。在这件衮服上，两肩织有日、月图案，背部织有星辰、群山，两袖装饰华虫。宗彝、藻、火、粉米、黼、黻等6种纹饰分别位于前后襟团龙两侧。这样共有十二章纹，符合明代章服制度。

2.衣裳起源

　　远古先民以采集、狩猎为生，在没有纺织的情况下，采撷树叶、树皮、花卉、藤蔓制成"岛夷卉服"来遮蔽身体；屈原《九歌·山鬼》中的"若有人兮山之阿，被薜荔兮带女萝"就描写了一位以芳草香花为衣的女神；

明定陵出土衮服（复制品）

而元代李康所绘的伏羲像也是在腰间围一圈树叶。这些都可看作是先民服饰遗留的踪迹。

另外，也有把羽毛连缀成片，当作衣物披在身上的所谓"羽衣"。这里说的"羽衣"并不是后世的衣裙之形，而是在头上戴羽冠，胸前、手上饰羽毛片，下身前也遮一片羽毛片，后来发展到在下身后也遮羽毛片。

在广西发现的西汉早期的"竞渡纹鼓"上就有类似的羽人形象。至今，在广西、贵州一带的少数民族地区仍然可以看到缀满羽毛的"百鸟衣"。

人类学会磨制骨针后，开始使用骨针来缝制兽皮等衣物，进入了"衣皮带茭"的时代。在距今一两万年的北京山顶洞、山西峙峪等地，就出土了穿孔骨针。以山顶洞出土的骨针为例，长 82 毫米，针孔直径 3 毫米，与现在日常生活中所见的针的形制基本一致，应该是用来缝纫的工具。

到了新石器时代，出现了石制

李康 伏羲像
北京故宫博物院藏

和陶制的纺轮，并进一步用植物纤维来纺线和织成布帛。传说黄帝的妻子嫘祖发明了丝蚕纺织技术，考古发掘中也有类似的发现。如郑州青台就出土了距今 5500 多年的丝帛残片和十余枚红陶纺轮出土。浙江吴兴县的钱山漾，出土了 5000 年前的麻布片、绢制衣服碎片和丝带等。考古发现说明当时已经有了丝绸衣服。后人把这一创制归功于传说中的黄帝。所谓"黄帝、尧、

竞渡纹鼓

羽人形象

舜垂衣裳而天下治，盖取之乾坤"。这时期的衣裳已具备了后世"上衣下裳"的基本形制。这里的乾是指天，坤指地，表明在当时，服饰已与先人对天地的崇拜、对礼仪的重视紧密相连在一起。

甘肃出土的彩陶文化（辛店期）的陶绘中，就有这种上衣下裳的形制。

除了"上衣下裳"之外，人们在与自然接触的过程中，观察日月星象，模仿鸟兽冠角，创制了与此

彩陶文化（辛店期）

甘肃出土，采自周锡保《中国古代服饰史》

牛角冠饰

河北平山三汲战国墓出土

对应的首服，也就是冠、帽来装饰自己。相关的考古资料也表明，人们早期所戴的冠饰，就有不少和动物冠角相似。比较典型的是河北平山三汲战国墓出土的玉人，头上的冠饰和牛角十分相似。另外，河南信阳长台关楚墓出土漆器上的彩绘人物头饰，则像飞禽冠饰。

服饰制度草创以后，在殷商时期得到了进一步发展，到了周代，周公制礼作乐，作《周礼》《仪礼》两书，详尽规定了从天子到士大夫等级森严、尊卑有序的服饰形制，至此，较完备的服饰制度得以确立。

3. 旒冕制度

在古代中国的服饰制度中，以首服，也就是我们通常说的帽子最为引人注目。这一类服饰因为总是与特定社会等级的人群相对应，从而在礼仪制度中发挥了重要的作用，并由此衍生出特定的仪式，称为"冠礼"。

冠礼，源于远古氏族社会时期的"成丁礼"。当时的男女青年到达成熟期后只有通过举行"成丁礼"，才能成为氏族公社的正式成员，从而享受应有的权利，并履行相应的义务。

冠礼始于周代。周代贵族男子在年龄 20 岁时，会由父亲在宗庙里主持冠礼。行礼前先筮日（选定加冠的日期）、筮宾（选定加冠的来宾）。行礼时由来宾加冠三次，戴三种不同的帽子：先加缁布冠，表示从此有治人的特权；次加皮弁，表示从此要服兵役；最后加爵弁，表示从此有权参加祭祀。

同时，不同的"冠"对应着不同的使用场合，如果不穿就是失礼。春秋时期齐桓公在打猎时召见管理山泽的虞人，虞人不肯应召，桓公穿戴齐整冠弁，表示以礼相待，他才前往晋见。在同一时期的郑国，子产变法，民众不服，觉得如同被夺了衣与田，便要去拼命。衣冠与田畴，一同被列为民生头等大事，这都说明了"冠"在礼仪中的重要作用。

古代普通百姓的首服和贵族的不一样。他们不但没有财力置办冠弁，而且统治阶级不允许百姓有戴冠弁的权利。所谓"士冠，庶人巾"，可见庶人只能戴巾。战国时，魏国规定犯轻罪者用丹布包头；秦国规定用黑布包头，所以犯人和奴隶叫作黔首；韩国人用青布包头，叫作苍头。这些都成为后世用来代指平民百姓的词语。

服饰制度中的首服有冠、弁、冕之分。

冠一般是特指古代贵族所戴的帽子，古时只有贵族才能戴冠乘车，车有车盖，所以古人以"冠盖"为贵人的代称。

弁，也是一种比较尊贵的帽子，古时贵族在打猎、征战时佩戴。弁有爵弁、皮弁之分。爵弁，外形像冕，但没有旒；皮弁，则是用白鹿皮做成，

《历代帝王图》中的陈废帝、陈文帝

尖顶,类似现在的瓜皮帽,鹿皮各个缝合处缀有一行行闪光的小玉石,看上去像星星一样,所以《诗经》说"会弁如星"。《历代帝王图》中陈废帝和陈文帝佩戴的就是皮弁。

冕,是古代服饰中最尊贵的礼冠,所谓"冕,大夫以上冠也"。只有那些具备相当社会地位的人才可以佩戴。冕的形状在古文字中也能看到。古文字中的"冕"可分为两部分。冃(即后来的"帽"字)是意符,在字中起表意作用。甲骨文"冃"字写作"𦥑",下部为帽子,上部为两个兽角。"免"是声符,又兼表意,甲骨文写作"𠑊",正像人戴了"𦥑"的形状。

传说冕是由黄帝所做。历代记载也有黄帝创制冕服的说法,例如《世本》就说"黄帝造冕垂旒",但由于时间太过久远,很难据以为实。

冕在夏代的时候叫作收;殷商的时候叫冔(xú);周代叫爵弁。除了名称不一样外,夏、商、周三代的冕在形制、颜色上也不同。夏朝的冕纯黑泛红,冕板前小后大;商代黑色微微发白,冕板前大后下;周代黑中有红,冕板前小后大。

同时,古人在举行各种祭祀活动时,要根据典礼的轻重,分别穿6种不同格式的冕,总称六冕。六冕具体包括:大裘冕、衮冕、鷩冕、毳冕、絺冕、玄冕。分别对应祭拜上天、祖先、先王、山川、社稷、小型祭祀等不同的场合。后世所说的冕,大部分是指这其中的衮冕。

六冕制度大体形成于周代,《论语》就有"服周之冕"的说法。同样,也是从周代开始在冕上装饰旒,并且旒的数量随佩戴人地位的高下而不同。一般来说,地位最高的帝王是12旒,诸侯9旒,上大夫7旒,下大夫5旒。唐代大诗人王维在《和贾至舍人早朝大明宫之作》中即写道:"九天阊阖开宫殿,万国衣冠拜冕旒。"这其中的"冕旒"就是帝王的代称。

周代形成的这一套冕服制度,为后世所传承,在承袭古制的前提下,历代略有不同。

战国时期，周王朝日渐衰落，各诸侯国间战争不断，但还保持着佩冕的礼制，"魏文侯端冕而听古乐"就是一例。

待到秦始皇统一六国，"灭去礼学"废止了六冕制度。这一点在流传到后世的艺术创作中可以看到。例如汉代石刻中的荆轲刺秦王画像，秦始皇戴的就不是冕，是通天冠。

西汉王朝建立后，虽然有大臣贾谊等建议"易服色"，但并未被采纳，而是参照了秦代的服饰制度。《历代帝王图》中的西汉汉昭帝刘弗陵，就是没有戴冕的形象。可见这个时期是不讲究用冕的。

到了东汉明帝永平二年（59），东汉皇帝刘庄下诏依照周代礼制佩戴冠冕。这是第一次通过官方立法的形式制定了用冕制度。所以《历代帝王图》上的东汉光武皇帝刘秀就是冠冕齐全。东汉时期的冕，冕板表层是黑色，里边是朱绿色。此后历代的冕基本沿用了这个色调。

三国以及魏晋南北朝时期在冕的使用上大体实行与东汉相同的制度。《历代帝王图》中三国时期的吴主孙权、蜀主刘备、魏文帝曹丕、晋武帝司马炎都是冠冕齐备。

汉代石刻中荆轲刺秦王中的秦始皇

《历代帝王图》中 西汉汉昭帝刘弗陵

《历代帝王图》中的东汉光武皇帝刘秀

吴主孙权

蜀主刘备

魏文帝曹丕

晋武帝司马炎

《历代帝王图》中的三国人物

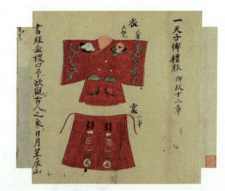

日本的冕服

采自《冠服图考》日本早稻田大学图书馆藏

稍有不同的是，从晋代开始，冕不再专用于祭祀，而是逐渐世俗化，只要是比较隆重的场合都可以佩戴。

隋唐时期的冕在整体上与东汉没有太大的差别。其中隋代的冕强调以旒的长度来显示身份的尊卑。皇帝之旒最长，而皇太子和王的旒要短两寸。唐代初期沿用了隋代旧制。开元年间之后，规定只有重大祭祀活动才佩戴冠冕，其他时候不再使用。从此，冕的发展进入了简化期。

同时，随着这一时期中日交流的增多，冕服制度传入了日本。在文武天皇大宝元年（701）发布的大宝律令中，明确规定天皇在正式场合需采用类似十二章冕服的"衮龙御衣"，这一制度沿用至近代。

两宋时期崇尚礼制，基本完全恢复了周代的六冕制，在具体规定上也大致相同。宋代世俗化的审美情趣和发达的纺织技术，对冕的制作也有所影响，例如装饰上以繁缛为美、冕板所用的材料上的革新、表里都用织锦

唐代的冕

（左页图为敦煌莫高窟第220窟中维摩诘说法图中戴冕的帝王）

宋代的冕

覆盖。可以说，宋代的冕，在历朝历代里所用材料是最为华美的。

从辽、金时期开始，佩戴冕成为皇室的特权。元代和明代继承了这一规定。辽、金、元作为少数民族政权，冠冕制度只是其汉化改革的一部分。与此同时，他们保留了自身的服饰习俗。因而，真正继承周代以来冠冕之制的是明王朝。

明王朝建立后，大大简化了周代规定的六冕制，只保留了其中祭祀天地、宗庙的衮冕。明代的礼制规定皇帝用冕前后各 12 道旒，每道旒上有赤黄青白黑共 12 颗玉珠，太子用 11 旒 11 珠，亲王只能用 9 旒 9 珠。北京明十三陵定陵中出土的冕就是前后 12 旒，与墓主万历皇帝的身份是相对应的。山东博物馆馆藏的这件九旒冕的主人鲁荒王朱檀，是分封到山东的亲王，使用 9 旒 9 珠则是符合当时礼制规定的。

满清入主中原后，"剃发易服"，废除了传统的冠冕，世人只能在戏剧舞台和朝鲜半岛得以一睹真容。而在民国时期，袁世凯复辟帝制后，曾仿制了"皇帝冕"，则是这延续了上千年的冠冕制度的绝响了。

本篇撰稿人：李　宁

⑫ 琴棋书画 仙音居首

——唐·雷威斫 "天风海涛" 琴

文物级别：一级

材　　质：木，琴面用桐木斫成，琴底用梓木

制造年代：唐琴宋修

外形参数：琴身长121厘米、宽19.5厘米。

出土时间：1970年山东省邹城明代鲁荒王朱檀墓出土

收藏情况：现陈列于山东博物馆"山东历史文化展"展厅

推荐理由：此琴为唐代著名制琴大师雷威亲手所制。"天风海涛"琴
用琴声演绎历史，用琴弦拨动人生。作为现存古琴中唯一
形制完备的七弦琴，天风海涛琴以娓娓动听之声向我们弹
奏了回响在历史长河之中的文化之曲、和谐之歌

古琴一直被认为是历代帝王及
文人大夫们陶冶性情、修身养性之
器而备受青睐。古人皆以收藏和品
赏古琴为风雅。《诗经》中有"窈
窕淑女,琴瑟友之"之语。

山东博物馆所藏"天风海涛
琴"为唐代制琴名家雷威亲斫,宋
代被重修过,后为元世祖忽必烈的
曾孙女祥哥剌吉所收藏,一直为皇
室珍藏品。明朝随鲁荒王朱檀一起
埋入墓穴。

"天风海涛"四字,寓意琴声
雄浑厚重、大气磅礴。

古琴在距今 2000 多年前已经盛行，而且产生了弹奏技艺绝妙的琴师。从那时开始，古琴成为文人士大夫不可或缺的陈设，一直与文人士大夫的生活息息相关。在我国传统的士大夫所擅长的技艺"琴棋书画"等雅操中，琴排名居首，充分说明了琴在我国传统文化中所占有的崇高地位。

古琴及其主人

天风海涛琴琴身长 121 厘米、宽 19.5 厘米。琴面用桐木斫成，琴底用梓木，通身髹黑漆。琴为仲尼式，有七弦、二足、十三金徽，琴轸与瑶柱均以白玉制成。琴面布满蛇跗状断纹，杜甫称"古琴蛇跗评无价"，这也是判断这件古琴年代的重要依据之一。琴底篆刻"天风海涛"四字，是为琴名，形容琴音如长风，似波涛，雄浑厚重、大气磅礴而又清越不羁。琴腹有龙池、凤沼两个出音孔，龙池内墨书两行"圣宋隆兴甲申重修，大唐雷威亲斫"。从这些题记可以判断，这张古琴来自内府，一直在皇宫中保存着，明太祖喜欢这个儿子，特地赏赐给朱檀的。

琴伴知音，这张非常珍贵的唐琴赏赐给朱檀，一定与他的喜好密不可分。下面我们先来了解瑶琴的主人。

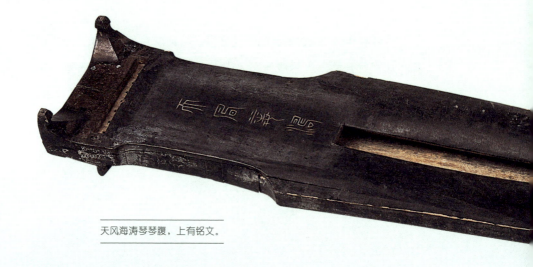

天风海涛琴琴腹，上有铭文。

朱檀为明太祖朱元璋第十子，《明史》记载：

鲁荒王檀，……好文礼士，善诗歌，……

朱檀雅好清玩，耽于文，游于艺，结交文人清士，深得朱元璋的喜爱。其喜爱文学艺术的秉性也造成了他放浪形骸、行为不羁的性格。

《明史》记载，朱元璋非常喜欢这个皇子，生十月而封为鲁王，18岁就藩兖州。朱檀也非常喜欢金石书画，卓尔不群，这从其陵墓的陪葬品中可以看到。

鲁荒王陵位于今天山东邹城九龙山南麓，风景秀丽，山水极佳。在按照明代亲王制度修建的陵园中，明楼等建筑犹存。其地宫深埋地下，依山而建，凿石为室，深入地下，加上四周岩石包围等条件，墓穴充满了渗透的水，造成了两方面的影响：好的方面，浸泡水中的保存条件，大量在北方环境下难以保存的文物，如漆木器、丝织品、书画类保存状态较好；坏

的方面则是长期的水泡导致书画脱色、木器涨鼓、瓷器脱釉等。从琴的保存情形看，正是这两种条件共同作用的结果。

　　瑶琴主人的品位决定了琴的等级，在朱檀墓随葬的琴棋书画中，其中的宋画及元代钱选的画卷均为明太祖所赐的宋元内府珍品，充分说明了其品位之高，天风海涛琴自然也不例外。在琴的龙池内的墨书文字有纪元为"圣宋"，圣宋为宋徽宗的年号，北宋末年，宋徽宗赵佶在其宣和内府设"万琴堂"，广罗天下古琴神品于其中，天风海涛琴应该就是其中的藏品之一。北宋以后，这张古琴流传到元代内府，明灭元后，洪武帝将其连同书画等珍品一起赐给了朱檀。朱檀死后，这些他生前的珍爱之物成为他的陪葬品，与世隔绝 600 余年后重见天日，遗憾的是，由于墓室中长期渗水，琴浸泡在水中，虽然没有朽烂，却出现了漆面脱落、玉轸分离的情况，古琴不复可弹，无法再现往日的优美曲调了。

　　朱檀选择的随葬之物除了《明史·舆服志》中的亲王仪仗、祭祀礼服和日常用品外，最突出的就是笔墨纸砚、琴棋书画：虽然宣纸没有留下，毛笔的材料有玉、象牙等；砚台有石砚、玉砚等；琴为天风海涛；棋为围棋，棋盘、棋子俱备；书籍包括大量儒家经典；画为宋代《葵花蛱蝶图》卷和元代钱选《白莲图》卷。另外，文具、印章等一应俱全，如此丰富的文具用品，墓主人的儒雅形象跃然而出，诗书继世长，明代鲁王之瓜瓞绵绵就是从这里来的吧。

古琴的源流曲韵

1. 琴之源

　　琴是我国历史上非常古老的一种拨弦乐器。传说是伏羲发明的，虽然难免有附会的成分，但是琴作为中国传统乐器出现的时代的确很早。

　　在考古发现中，湖北曾侯乙战国墓、湖南马王堆汉墓都发现过古琴，其中曾侯乙墓琴十弦、马王堆墓琴七弦，从实物上证明了古琴在西汉已经较为完备，弦数固定为七根，古琴的七根弦系进化演变而来。史书记载，早期古琴仅有五根弦，象征金、木、水、火、土，传说周文王为悼念其死去的儿子伯邑考，增加了一根弦，称为文弦；武王伐纣，为鼓舞士气，又增添了一根弦，称为武弦，因此古琴有"文武七弦琴"之称。

古琴制长三尺六寸五分（125 厘米左右），象周天 365 度，年岁之 365 日；宽六寸（20 厘米左右），象六合；厚二寸（6 厘米左右），寓天地阴阳之气周身饰以生漆，以黑色为主。

古琴琴面即指板，多用梧桐木、杉木，背板多用梓木，中空构成扁长共鸣箱。琴面上圆而敛，象天，为阳，背板下方而平，象地，为阴，间有龙池、凤沼二音槽，象征天地万象；头广尾狭，法四时八节之数。

琴面无品，于琴弦外侧镶嵌十三"徽"，装饰以金玉的圆点来标示其泛音音位，演奏时以指触弦，即十三音，西汉时期最早出现。

琴身下有四足，琴面上有玉轸，用以勒弦。琴面之上，弦有七根，外侧为低音，依次向内渐高。弦定宫、商、角、徵、羽，法五行。定弦方法多样，最常见的是将七根弦由外而内依次定为：徵、羽、宫、商、角、少徵、少羽，称为正调。古琴弦多用丝弦，音量小而韵味足。常见造型有伏羲式、神农式、师旷式、子期式、仲尼式、连珠式、落霞式和蕉叶式等。以仲尼式居多。造型的主要区别是依琴体的项、腰处的形制不同而冠以不同的名称，有的也是以发明者的名字命名的。

琴身髹漆，漆面由于长期演奏的振动和木质、漆底的不同，会随着时间的延续而出现断纹，断纹的纹理不同，古人也赋予其不同的、较为形象的名称，如梅花断、牛毛断、蛇腹断、冰裂断、龟纹断等，这些断纹后来成为一张古琴年代久远、身世显赫的标志。

2．琴之造

天风海涛琴龙池内墨书两行"圣宋隆兴甲申重修，大唐雷威亲斫"，记载了这张琴是出自唐代制琴名家雷威之手。发现之初，有专家质疑此琴非唐琴样式，这里的文字正说明了这一点，就是宋徽宗"万琴堂"征集到

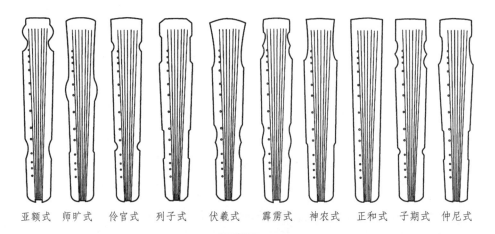

亚额式　师旷式　伶官式　列子式　伏羲式　霹雳式　神农式　正和式　子期式　仲尼式

古琴样式

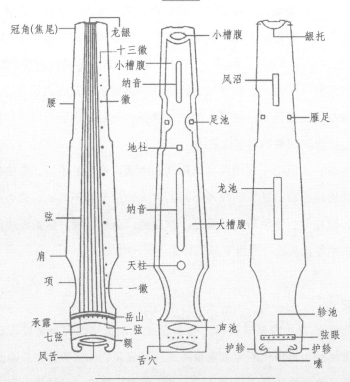

冠角(焦尾)　　龙龈　　　　　　小槽腹　　　　　　龈托
　　　　　　十三徽
　　　　　　小槽腹　　　　　　凤沼
　　　　　　纳音
腰　　　　　　徽　　　　　　　足池　　　　　　　雁足
　　　　　　　　　　　　　　地柱
　　　　　　　　　　　　　　　　　　　　　　　　龙池
　　　　　　纳音　　　　　　大槽腹
弦　　　　　　　　　　　　　　天柱
肩　　　　　　　　　　　　　　一徽
项　　　　　　　　　　　　　　　　　　　　　　　　轸池
承露　　　　　岳山　　　　　　声池　　　　　　　弦眼
七弦　　　　　一弦　　　　　　　　　　　　　　护轸
凤舌　　　　　额　　　　　　　舌穴　　　　　　　嗉
　　　　　　　　　　　　　　　　　　　　　　　　护轸

从左至右为琴的琴面、琴腹（内部）和琴底

九霄环佩，伏羲式，雷威制

这张琴时，因为保存不佳进行过重修，虽然形制发生了改变，但是不能改变这张琴是雷琴的性质，其珍贵程度更是不言而喻。

雷威，唐代最著名的制琴名家，出自唐代著名的制琴世家——四川雷氏家族。唐代雷氏家族出过9位斫琴大家，号称"蜀中九雷"，分别为：雷绍、雷震、雷霄、雷威、雷文、雷俨、雷珏、雷会、雷迅。直到唐末仍"孙息不坠其业"，其所制之琴有专用名称——"雷琴"。其中雷威是雷氏之翘楚，

"唐琴第一推雷公，蜀中九雷独称雄。"传说雷威常于严冬时节冒风雪往峨眉山，于林中"听其声连延悠扬者，伐以为琴"，由于雷威选材严格，工艺考究，所制之琴音色清透圆润、韵味含蓄悠长，因此为历代琴家所珍视。

雷琴在宋代已经成为传世珍品。北宋末年，宋徽宗赵佶在其宣和内府设"万琴堂"，广罗天下古琴神品于其中，雷威的"春雷"琴是其中的第一品，目前珍藏于台北故宫博物院。国内其他的著名唐琴还有北京故宫博物院藏"大圣遗音"和"飞泉"琴，国家博物馆藏"九霄环佩"琴等等。

天风海涛琴一直是皇室的珍藏品，曾被元世祖忽必烈的曾孙女祥哥剌吉收藏。祥哥剌吉（约1283—1331）是元武宗海山之妹，封"鲁国大长公主"，热衷书画收藏，被誉为"中国历史上第一位女收藏家"，曾收藏《清明上河图》

等名画可考者 60 余件。因封在鲁国，曲阜是其汤沐之邑，两次致祭孔子。在孔庙十三碑亭内，有两通大长公主祭孔碑：一通为《皇姊大长公主降香碑》，另一通为《懿旨释典祝文碑》，是孔庙内仅有的两通妇女祭孔碑。祥哥剌吉一直在鲁国生活，天风海涛琴始终伴随她左右。入明以后，该琴遂为明鲁王朱檀所得，并随葬入地下。

3. 琴之曲

古琴形制雅致，音量不大，含蓄优雅，颇具君子谦和之风，一直深受我国文人士大夫的喜爱。古琴演奏的指法非常复杂，右手指法主要有抹、挑、勾、剔、摘、打、托等等。左手指法主要有吟、揉、绰、注、进、退、撞等。这些指法综合运用，产生了散音、泛音和按音，象征天、地、人和。散音浑厚如钟，泛音玲珑剔透，按音或虚、或实，或清越明净、或沉浑宏亮，变化多端。演奏者多精心选择地点和时间，调整心情和心态，平心静气，天人合一，弹奏出空灵幽深、清雅无匹的天籁之音。我国古代书画作品中，不乏文人雅士坐于山间松树下，面向瀑布流水弹琴的画面。

在今天传世的作品中，古琴曲达到 1000 余首，其中最著名的当属《广陵散》。《广陵散》这首著名的古琴曲，其声名与西晋名士嵇康相关。嵇康与阮籍、山涛、刘伶、阮咸、向秀、王戎并称为"竹林七贤"，在文学和音乐上卓有成就。嵇康通晓音律，尤爱弹琴，著有音乐理论著作《琴赋》和《声无哀乐论》。他主张声音的本质是"和"，合于天地是音乐的最高境界，认为喜怒哀乐从本质上讲并不是音乐的感情而是人的情感。嵇康作品有《风入松》，另外，其《长清》《短清》《长侧》《短侧》四曲，被称为"嵇氏四弄"，与蔡邕创作的"蔡氏五弄"合称"九弄"，是我国古代一组著名琴曲。嵇康虽有才气，但是生性率意，恃才傲物，得罪了当朝的权贵，后受吕安案所累，年仅 39 岁就被司马昭所害。嵇康死前望着太阳，弹奏了《广陵散》，慨叹《广陵散》从此绝矣，后从容赴死。

4. 琴之韵

古琴因弦长，故每单根弦的谐音异常丰富，可奏出 13 个泛音，且声音清澈、纯美而有〝弦长故徵鸣〞之说，如此音色实在是奇妙无穷。因此中国人更喜欢在一弦一音中去聆听那〝绕梁三日不绝于耳〞的天籁之声。

天籁之声不是与生俱来的，伯牙练琴的故事充分说明了这一点。这个故事发生在两千多年前的春秋时期。当时楚国有个读书人，姓俞，名瑞，字伯牙。他喜欢弹琴，从小跟一位名叫连城的先生学琴。伯牙天资聪颖，琴艺大进，但是始终无法达到超凡脱俗的境界。有一天，老师对伯牙说：〝我带你去寻一个仙师点拨一下，好吗？〞伯牙高高兴兴地背着琴随老师乘船来到东海蓬莱山，老师让他坐地休息，自己去找仙师去了。伯牙在这巍峨苍郁的山野之中，久等不见老师归来，便沿一条山路寻去。绕过一个山头之后，不想却有一幅奇景挂在眼前：真是云中飞瀑，雾中清泉，水花四溅如珍珠，激音回荡如仙乐。伯牙顿感天眼大开，灵感涌起，便席地而坐，抚琴而成妙曲。突然，他的身后传来老师的声音：〝哈哈，仙师被你找到了！〞伯牙恍然大悟，原来老师所说的仙师就是大自然啊。从此，他的琴艺更加炉火纯青，达到了与大自然天人合一的最高境界。

后来，伯牙的琴练成后，他去了晋国做官，做了大夫。有一次奉命出使楚国。船行中因遇大风，只好在汉阳江口停留。风平浪静之时，一轮仲秋之月皎洁临江，月白风清，景色绝美，伯牙遂操琴弹奏，正陶醉间，江边一樵夫大声赞叹，伯牙非常惊奇，山野樵夫竟然知道琴曲之妙，遂请樵夫上船来，请教他对琴的看法，樵夫娓娓而谈。伯牙听罢，心悦诚服，便又调弦抚琴，时而雄壮、高亢，时而舒畅、流利。樵夫时而曰："善哉，峨峨乎若泰山。"时而曰："善哉！洋洋乎若江河。"伯牙大喜，樵夫说的正是他在琴曲中暗含的情感，他推琴而起，很恭敬地施礼，"请教贤士高姓？"樵夫还礼，说："在下姓钟，贱字子期。"伯牙叹曰："相识满天下，知心能几人。"即命童子焚香燃烛，与子期结为兄弟，相约来年仲秋再在此地相会。第二年仲秋时节，伯牙如期而至，不料子期未至，伯牙很生气，又不忍离去，在等待时抚琴而歌，江边一老妪闻歌而哭，问船上是否为俞公，伯牙大惊，随老妪至子期墓，才知已与好友阴阳相隔，伯牙在子期的坟前，抚琴而哭，弹了一曲《高山流水》，曲终，以刀断弦，并仰天而叹："知己不在，我鼓琴为谁？"说毕，琴击祭台，琴破弦绝。

这就是高山流水遇知音的由来，后人感其事，就在汉阳龟山尾部，月湖畔筑一琴台，以资纪念。据记载，琴台始建于北宋，清代重修，解放后修复，碑廊门额上有"琴台"二字，相传为北宋书法家手笔。

5. 琴之赏

古琴是我国传统工艺的综合载体，涉及木材、髹饰、断纹、音质、品格、造型美学等，十分复杂。因此鉴定古琴要比鉴定其他艺术品困难，目前我国古琴的鉴定主要依赖于一些资深的古琴演奏家。但是，如何鉴定古琴一定要综合考察，从中发现古琴之美。这些技巧包括"听"和"看"，耐心分析，多做比较，得出正确的结论。

"听"，是指用手拨动琴弦，听其音色。在传统的琴论中，最早对琴的音质进行论述的是魏晋名士嵇康，他在《琴赋》中说："器和故响逸，张急故声清，司辽故音庳，弦长故徽鸣。"到了明代，明代郊庙乐章的奠基者冷谦提出奇、古、透、润、静、圆、匀、清、芳、苍、松、脆、滑"九德四芳〞的琴音美学标准。严格来讲，一张琴的音质要达到这么多的美学标准是不可能的，但传世的古琴大多皆具备松、透、圆、润的音色特点。

"看"，一是看木质，从琴背龙池、凤沼处看琴的内腹木质的老化程度。明代以前的琴，木质多呈金黄色且松软，凤沼尾端的纳音处有明显凹陷，凹处的木质比其他部位木质要紧硬些，这是挂琴时琴体相应部位长期和挂钩撞击所致。二是看漆质。宋元以前的琴，胎质较细腻，漆色纯净，火气尽褪，在强光下能透过表漆看到漆胎内闪闪烁烁的鹿角霜和金、银、铜等粉末。三是看断纹。断纹即漆器因年久而出现的裂痕，主要是由于胎骨及漆层经常不断地胀缩而产生的。断纹标志着漆器的年代，唐宋时代的古琴多呈蛇腹断、梅花断。元明时代的古琴多为流水断和牛毛断。鉴定古琴除了要多听、多看，还要多思考。要对各个时代的古琴加以类比、分析，从中找出规律性，掌握古琴的时代风格特征。

唐琴圆润丰满、富丽端庄，其形制以伏羲式居多。造型特点为体态宽阔、雄伟浑圆、劲健有力，显得气魄宏大、富有活力，给人以雄强硕壮的感觉；额头多做圆弧状，项宽而长，肩部多在三徽以下，腰部肥美，琴底也多做弧状，冠角多刻成阳线。

宋琴漆胎较为细腻，金光内合，其色质温润，表现出一种内在、含蓄的美。宋琴的弧度渐渐扁化，造型多以仲尼式为主，以朴素简洁、工整规范、简约实用为美。

元代时间较短，古琴未有大的发展。总体造型风格敦实明朗、强悍劲健。制琴名家有严古清、施溪云、谷云等。

明代古琴制作迎来了高峰期，由于藩王的加入甚至亲自设计制作古琴，明代出现了一些新的琴型，主要有飞瀑连珠式、刘伯温式、列子式等。清代古琴承袭明代传统，形制保持简练、质朴的特征，但无论是质量还是数

吟徹調高寬千桐
松间延有入松风
仰觉低审念情实
以听无纷一年中
甘谷禅题

聽琴圖

宋徽宗赵佶《听琴图》

北京故宫博物院藏

量都已大不如前，难有精品传世。

民国以后，随着西洋音乐的传入，古琴受到了冲击，迅速地衰落了下去，到今天，已经成为文物来收藏了，古琴鉴定也成为一门专门的学问。

鉴定一张古琴，首先要看其风格特点属于哪个时代，只要符合时代特征，再做进一步的观察，最后就可以断定其真伪及其年代。一般来说，古琴的特点与其应有的时代特征有矛盾者必伪。但同时，也必须注意到事物的特殊性，即在普遍规律之外，往往还存在着不同于某一时代风格的特殊情况，常常反映出地域差别和个人风格特点等种种复杂的因素，在鉴定时要加以注意和区分对待。还需说明的是，时代艺术风格的形成与演变，不同于政治上的改朝换代，有时，一个时期的风格会延续到下一个朝代。对待这些特殊问题更要谨慎小心，认真观察，得出最后的结论。

本篇撰稿人：于秋伟

⑬ 封存在漆彩里的记忆

——明·戗金云龙纹朱漆盝顶箱

文物级别：一级

材　　质：木质

制造年代：明代（1368—1644）

外形参数：箱高61.5厘米、宽58.5厘米，箱板厚仅1厘米

出土时间：1970年山东省邹城明代鲁荒王朱檀墓出土

收藏情况：山东博物馆 "明代鲁王展" 展厅

推荐理由：运刀迅疾，刚劲挺秀，金色闪烁，光彩夺目，代表了明代戗金工艺
　　　　　的最高水平

　　戗金云龙纹朱漆盝顶箱是同出
土于鲁荒王朱檀墓，因其戗金龙纹
图案而著称于世。明清时期，皇室
流行使用戗金漆器，戗金技术达到
了顶峰。明鲁荒王朱檀墓出土的这
件漆器代表了明代戗金工艺的最高
水平。这件文物高超的戗金工艺，
不仅使明朝的人觉得高贵华丽，更
使当代人感觉到视觉震撼。

戗金云龙纹朱漆盝顶箱，木胎，箱外部髹朱漆，箱里髹黑漆，漆层不厚。内分三层，中有套斗，下有抽屉，分置冠冕、玉带、玉圭和梳妆用具。顶部及四侧壁各饰云龙纹，边部饰忍冬纹带。有铁质镶金的活页、穿鼻、提梁及锁钥等部件。

戗金云龙纹朱漆盝顶箱，同时出土两件，放置在主墓室的棺椁附近，戗金漆箱形体较大，纹饰精美，保存完整，是难得一见的戗金工艺的精品，代表了明代戗金漆器的最高水平，被评为国宝级文物。

独特的龙纹装饰

戗金云龙纹朱漆盝顶箱为宫廷御用品，代表了明初漆器的最高水平。五爪龙纹，腾云飞跃，至高无上的尊贵和权威不言而喻。戗金漆器目前国内所能见到的实物数量不多，能够使用龙纹装饰、大面积戗金的明初漆器更是极为珍贵。

龙，最初作为氏族崇拜的图腾符号，流传千年保留至今，成为中华民族的象征，中国人以自己为"龙的传人"而感到骄傲和自豪。而戗金云龙纹朱漆盝顶箱也因箱体上五爪飞龙的图案，让其拥有了高贵、无法攀比的身价。

龙的最原始的形象，如内蒙古翁牛特旗三星他拉遗址出土的红山玉龙，

内蒙古翁牛特旗三星他
拉遗址出土的红山玉龙

殷墟妇好墓出土铜
器上的尖角夔纹

西汉行龙纹瓦当

体呈"C"形弯弧，颈脊长鬣飞扬，龙的角、鳞、爪、齿、须等都没有表现出来，因而也缺乏震撼人心的威严神圣之感。

商朝重视宗教与巫术，将龙铸在青铜器上祈求神灵的庇护，常见的是有一角一足的夔龙图案。商代的玉龙纹则身形短小，头部较大，有柱形双角、双耳，脚爪刻画细致。

至秦汉时期，龙的形象基本定型，秦汉时期的玉龙长角、尖耳、兽足、蛇躯。身躯由短粗变得修长，把在现实中不存在的神物表现得生气勃发、神态威猛。

隋唐时期龙的形象丰富华美，如背鳍、腹甲、腿爪、须、髯等都已经表现得很完整。宋朝龙的形象更具美感，体态灵健、气质雅俊，洒脱而不张狂，令人赏心悦目。

明清时期是龙纹的最后定型期，龙的形象定格为"三停九似"的标准，即龙的前后爪把龙分为三等份，就是"三停"；"九似"是指龙的角似鹿、头似驼、眼似兔、项

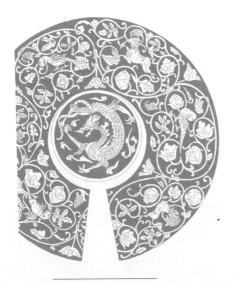

唐刻花银碗底部的蟠龙纹

饰，龙形象被广泛地运用到各个领域，以显示帝王的权威。今天我们见到的带有龙图案或装饰的建筑，大多建于明清两代。

帝王对龙的把持，表现在对龙纹运用的严格控制上，尤其表现在服饰的运用上。东汉时，九卿以下官员没有资格穿有龙图案的服装。元代，不但不准常人穿用有龙凤图案的服装，市街店铺也不准织造、出售有龙凤图案的布匹。明代礼制规定，只有皇帝、皇子、皇孙等皇

似蛇、腹似蜃，鳞似鲤、爪似鹰、掌似虎、耳似牛。龙纹的形象更加威武神气，腾跃飞舞，须发飘飘。

明清两代帝王加强了对龙的垄断，龙在很大程度上成了帝王的专利。明朝开国皇帝朱元璋出身贫寒，清朝是少数民族入主中原，他们都需要以龙来神化自己，说明自己是上承天命的真龙天子，享有合法的统治权。出于这种需要，明清的帝王在衣食住行各端都尽力以龙为

明万历升降龙蔓草妆花缎纹样 北京定陵出土

室人员才能穿戴有龙纹的服饰，一般官员和普通百姓是没有资格的。

同样是龙的形象，五爪龙和四爪、三爪龙是有区别的，一般称五爪者为"龙"，五爪以下为"蟒"。明代龙纹的特点是无论龙身为何种姿态，其龙发大多从龙角一侧向上高耸。明中期前多为一绺，到明晚期多为三捋。19岁的皇子墓葬能够随葬五爪龙纹的漆箱，充分表明了皇室奢华的生活状况以及区别于普通百姓的高贵的身份地位。

除了五爪飞龙的图案，让戗金云龙纹朱漆盝顶箱拥有了高贵、无法攀比的身价之外，传统的、耀眼的戗金工艺也深深地震撼着观众的内心。

精湛的戗金技艺

有关戗金工艺的具体记载最早见于元末明初陶宗仪的著作《辍耕录》："嘉兴斜塘杨汇髹工枪（即戗）金枪银法。凡器用什物，先用黑漆为地，以针刻画，或山水树石，或花竹翎毛，或亭台屋宇，或人物故事，一一完整，然后用新罗漆，若枪金，则调雌黄。若枪银，则调韶粉。日晒后，角挑挑嵌所刻缝罅，以金箔或银箔，依银匠所用纸糊笼罩，置金银箔在内，逐旋细切取，辅已施漆上，新绵楷拭牢实，但著漆者自然粘住，其余金银都在绵上。于熨斗中烧灰，甘锅内熔锻，浑不走失。"

所谓戗金是在朱色或者黑色漆地上，采用特制的针或细雕刀，刻画出纤细的图案凹槽，在刻画的花纹中填漆，然后将金箔或者银箔粘贴上去，经过拍打磨平处理，使其粘贴牢固，形成金色或者银色的花纹。戗金的花纹不是像绘画那样，可以轻便地用手绘直接画出，而是通过费时费工的雕、填、打磨等工艺，这样做出的纹饰，好像是从漆器的机体中生长出来一样，非常自然神奇。戗金的工艺流程主要是：用毛笔蘸上水溶性颜料绘画所需纹饰；按照所绘纹饰，用刀刃或者针尖，镂刻纤细花纹；将残留的漆屑吹净，用棉布蘸水擦拭漆面；在刻画的纹饰凹部打金胶；洒金粉或者贴金箔；将贴附于漆面的残留物擦拭干净。

戗金的起源可以追溯到秦汉时期的漆器锥画。

长沙马王堆三号墓出土的两件

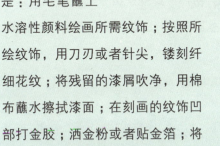

湖北光化五座坟西汉墓出土的锥画漆卮

漆奁，在奁盖和奁身里外都布满了用金属工具刻画的花纹。同墓出土的竹简记载此种技法名称为"锥画"。最初的"锥画"是采用白描的手法，在漆器表用针刻画出各种不同花纹，不做其他任何装饰。

此后出现了锥画加彩，开始在画好的纹饰上填加不同的色彩。西汉中晚期的时候，锥画纹饰的填充物中出现了金彩，较典型的器物见于1973年湖北光化五座坟西汉墓出土的两件锥画漆卮，漆卮外表以黑漆为地，锥画云虚纹，并在锥画的线条内填金彩。这种技法就与后世文献中出现的戗金统一起来，即所谓的"戗金漆器"。

戗金漆器自产生之日起就受到人们的青睐，作为漆器制作的重要工艺种类受到人们的重视和喜爱。

但是在中国古代，由于黄金的开采和冶炼技术尚不发达，更显出黄金稀有、珍贵的特性，其使用一直局限于社会上层。宋代戗金漆器开始兴起，从江苏武进出土的南宋戗金漆器可以看出当时戗金漆器的风格特色，构图疏密有致，表现主题突出。采用了细钩纤皴技法，用较粗的线条表现物象的轮廓，用细线、细点表现物象的细部和层次，形成戗划与绘画浑然一体的艺术效果。至元、明时期，随着社会经济的繁荣，尤其是商品经济的发展，戗金工艺也步入了成熟期。《格古要论》中称元代"戗金器皿漆坚戗得好者为上。元朝初嘉兴府西塘有彭君宝者，甚得名，戗山水、人物、亭观、花木、鸟兽种种臻妙"。这一时期，江南沿海与日本的往来频繁，戗金工艺在元朝传入日本，被叫作"沉金"。中日两国戗金工艺的差别主要表现在所用工具的不同。目前国内尚未发现元代戗金漆实物，但在日本却可以欣赏到元代戗金漆的珍品。日本东京国立博物馆在1977年举办的"东方的漆工艺"展览中，展出了10件元代戗金漆器。其中"延祐年款"的有4件，款识中注明了漆器的制作时间、地点和制作者的姓氏，如"延祐二年栋梁神正杭州油局桥金家造"。明初戗金漆的实物，主要就是山东邹城鲁荒王墓出土的几件戗金漆器，除了戗金云龙纹盝顶箱外，还有戗金云龙纹长方形盒、戗金夹纻墩式罐等。

古老的漆器制造

1977 年，在浙江余姚河姆渡遗址中发现的木胎漆碗（参看《浙江省博物馆镇馆之宝·河姆渡文化朱漆木碗》）和漆木筒，是我国至今发现的最早的漆器之一，也是新石器时代漆器的典型代表。这一时期的漆器，以日常生活用具为主，注重实用性。很多漆器器形是仿照这一时期陶器造型。装饰纹样处于漆器发展的原始阶段，素面无文，之后随着使用量的增加，发现了漆的美化装饰效果颇佳，在制作过程中又赋予其美的内涵。

从考古发掘来看，商代已经能在漆液里掺和各色颜料，呈现艳丽的色彩，并且出现了用刀雕刻的花纹，主要是饕餮纹、夔纹、雷纹、弦纹等商代青铜器上常见的纹饰，有的还在花纹上镶嵌有磨制成圆形、方圆形、三角形的绿松石，还有的在漆器上贴有金箔。对西周漆器的发展情况，在 20 世纪 80 年代对北京琉璃河西周遗址的发掘后，才有了比较全面的了解。其中的一件漆罍，朱地褐彩，器盖上的兽头、鸟头形的把手以及腹部的饕餮纹和圆涡纹都采用了蚌片镶嵌装饰。西周的蚌片镶嵌工艺已经达到了较高的水平，开创嵌螺钿漆器工艺之先河，为唐代嵌螺钿工艺的空前繁荣打下良好的基础。

春秋时期漆器的制作日臻成熟。漆器的使用范围包括了生活用具、乐

汉代漆盘
山东博物馆藏

器、兵器、车马器和丧葬用品等。纹饰的题材丰富多样，包括人物纹、动物纹、几何纹等，还出现了反映现实生活的图案，表现出绘画装饰水平的提高。战国时期，形成了漆器工艺发展史上的第一次高潮，在造型、技艺、装饰等多方面都有了飞跃发展。从出土的漆器情况看，楚国漆器是战国漆器制作水平的典型代表。例如，曾侯乙墓出土的漆鹿和鹿座飞鸟、江陵天星观一号墓出土的虎座飞鸟、江陵望山一号墓出土的镇墓兽等，制作精美、构思奇特，既体现了楚国独有的文化特色，又展示了高超的绘画与雕刻技法；在部分漆器上还发现有记录手工作坊或者工匠姓名的文字，充分说明了漆器制作业的成熟和发达。漆器所具有的轻便、实用，外形灵活多变，色彩绚丽多姿的特点逐渐得到广泛的认识和运用。

秦汉时期，青铜器的地位已经衰落，瓷器尚未大量生产，漆器成为人们日常生活的主要用具，制作分工细致，产量有很大提高，商品生产的性质明显。那些华丽而精巧的漆器，不是普通百姓可以享用的，漆器的使用有严格的等级区别，是达官贵人身份和地位的象征。《盐铁论》中记载："一文杯得铜杯十。"即：描绘图案的漆杯，其价值等同于10个铜杯。汉代出现大型漆器，有的直径超过70厘米，高度接近60厘米。还出现了方便出行使用的一些组合式漆器，比如一个漆盒内装若干耳杯。汉朝漆器的纹饰，广泛用来表现人物故事，增加了漆器的表现和叙事的艺术功能。隋唐五代漆器，工艺和技术水平已经达到了空前高度，重视镶嵌装饰，注重精雕细琢，特别是在镶嵌金银箔片或者优质贝壳的金银平脱和嵌螺钿技法方面，成为流行趋势得到广泛运用。盛行于宋、元、明、清的雕漆也是唐代首创。此时的漆器，选料精美，雍容瑰丽，形成了极为丰富华丽的艺术风格。尤其在唐代，受经济的发展和对外文化交流的影响，漆器流传到日本、朝鲜、东南亚诸国，引领了当时海外漆器的流行风尚，对漆器工艺世界性的发展做出了重要贡献。

宋代漆器受到同时代瓷器的影响，多数器物呈现出素髹一色，不施纹饰，具有朴素、圆润、秀美的特色。元代雕漆技术日趋成熟，在底胎上多层堆漆，使漆质肥厚，再用藏锋的刀法在丰硕圆润的漆面上刻出花纹，漆器整体厚重、大气深沉，又有精心雕刻的细部，形成了既厚重又精致的工艺风格。还出现了浙江嘉兴张成、杨茂等一批雕漆名匠。

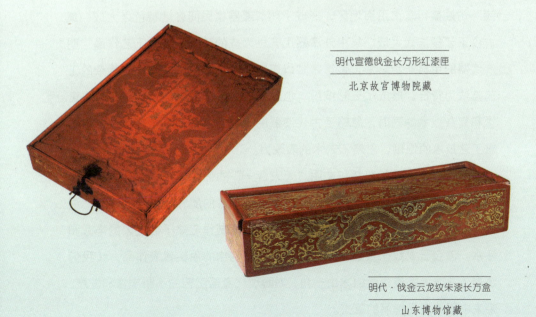

明代宣德戗金长方形红漆匣
北京故宫博物院藏

明代·戗金云龙纹朱漆长方盒
山东博物馆藏

明代成化戗金人物花卉黑漆盒

苏州博物馆藏

　　随着经济的繁荣，漆器制作在明清达到辉煌的全盛时期。漆器制作在这时期受到皇家的高度重视，专门成立了官办漆器制造作坊，还从全国各地征召制漆工匠入京，使民间工匠精湛的工艺技法在宫廷漆器中得到融会贯通。在继承宋元工艺的基础上，漆器制作的管理更加明确，工艺技法运用得更加丰富。此时江南沿海与日本交往频繁，日本莳绘工艺反传我国，"倭漆"仿效盛行东南沿海地区，形成了明清漆器集民间各地特色之大成、集古今工艺技法之大成、集中外漆器工艺之大成的臻于极境的工艺作品。明清漆器的用料非常珍贵，装饰常常以斑斓、复饰、填嵌、堆漆等复杂的工艺技法为特征，形成了五彩缤纷、色彩华美的装饰效果。但在极尽追求奢华和复杂技术的同时，忽略了古代漆器的淳朴、率直的艺术美，过分地追求工艺技术的堆砌，忽略了艺术的表现力。

　　漆器，汲取千年智慧和文明"天人合一"的艺术瑰宝，融合了窑变般的色彩浓淡之美，刺绣般的丝缕分明之美。素漆的质朴、雕漆的繁华、戗金漆的绚丽，历经千年的传承与积淀，漆器的制作汇聚了数代人的辛劳和汗水。戗金云龙纹朱漆盝顶箱作为明代漆器制作的顶尖代表作品，让我们窥视了漆器大家族华丽的冰山一角，期盼现代漆器工艺的不断丰富和发展，带来中国漆器最绚丽的复兴。

本篇撰稿人：井　娟

⑭ 承载运河的繁荣与沧桑
——明·漕船

文物级别：一级

材　　质：南松木

制造年代：明代（1368—1644）

外形参数：全长21.8米，船身为柳叶形，中部宽3.44米，头部为1.9米，尾部为1.56米；排水量为32吨

出土时间：1956年出土于山东省梁山县宋金故河道内

收藏情况：山东博物馆"山东历史文化展·秦汉—明清"展厅

推荐理由：此船形体巨大，保存完好，实属国内外罕见，是了解和研究明代水上运输的重要资料

明代运河漕船1956年发现于梁山县宋金河的支流中，随船出土的铁锚有洪武二十三年款，此船形体巨大，保存完好，实属国内外罕见，是了解和研究明代水上运输的重要资料；它的出土，同时也展示了丰富多样的山东运河文化。

明代漕船，搭载着我们穿越时空隧道，重拾昔日运河繁华，它是观众心中的挪亚方舟。

在山东博物馆"山东历史文化展·秦汉—明清展厅"里，陈列着一艘明代大船。它距今已经有 600 多年历史，看起来比较陈旧，可它是迄今为止京杭大运河出土古船中年代、用途最明确，保存最完整的明代漕船。

梁山出土明代古船

1956 年 4 月，梁山县黑虎庙区馆里乡红光农业合作社第三生产队的村民们，在村西宋金河支流劳动，他们在厚厚的淤泥里挖藕，忽然有个村民在挖藕时带出了一块大大的木板。他们觉得下面还有宝贝，于是动员了 20 名群众一起挖，结果 28 天后一艘埋藏在淤泥里的古代沉船重见天日。

挖出后将船拆分，船底还发现一口铜锅。

过了几天，区中心小学校长报县文化科，县里上报省文化局，山东省文物管理处接到省文化局通知，即派人前往调查，散落在民间的许多船板和零件得以收回。他们从县木工业工会找到有经验的工匠同往现场拼对。按着原船现存的钉眼及挖船人的口述，用木桩、绳把船板拴连起来，用了 5 天时间了解了船的大体形状，最后将其运往济南，由山东博物馆负责复原、保护和陈列。

这艘历经沧桑的大船共有 13 道横舱壁，每隔两舱有一舱门，使两舱相通，其中第 10、第 11 舱为居住舱，上部有一个舱棚，高出甲板约 1 米；

明代漕船

山东博物馆藏

而在第 3、第 7 舱各有残余桅杆一根，前者高 1.7 米，直径为 0.3 米；后者高 1.3 米，直径为 0.36 米，均为正方形，左右用 0.45 米的木板夹住。船舱内遗留有各种兵器、马具、货币以及生活用具等。据专家推算，这艘船的主桅杆高约 14 米。其他舱均为货仓，主要装载粮草和物资等。根据专家测算，这艘船在当时属于中等，一次能运载 12 吨～ 15 吨的物资。

根据梁山古船船体结构特征及文献记载，这艘船是一艘运河里的漕船。从船上发现有兵器等项分析，该漕船具有护航功能。

明代发达的造船业

舟船，在中国历史上一直扮演一个重要的水上工具的角色。

在今浙江余姚县河姆渡新石器时代的遗址中，出土了 6 支木质船桨和 1 只陶舟，距今 7000 年，可说是中国历史上最早的实物证据。而在商代的遗址上，也发现了大量的鲸鱼骨、海贝等丰富的产品，可见当时殷商王国和东南沿海等地有过频繁的交通贸易往来。

周代，《诗经》上有"舟船为梁"的例子，是舟船搭浮桥的最早记载。春秋战国时期，齐富东海，有鱼盐之利，船只载贩鱼盐，促使齐地工商发达，国家富强。到了汉代，海上交通日渐发达，与海外诸国的外交日趋热络，在《汉书·地理志》中详细介绍了海外诸国的航线，最远到达黄支（今印度马德拉斯附近）之南的已程不国，应是今天的斯里兰卡。三国时期，著名的赤壁之战中长江水战是战争取胜的关键，更显示出战船的重要性。

河姆渡遗址出土陶舟形器

河姆渡遗址出土木桨

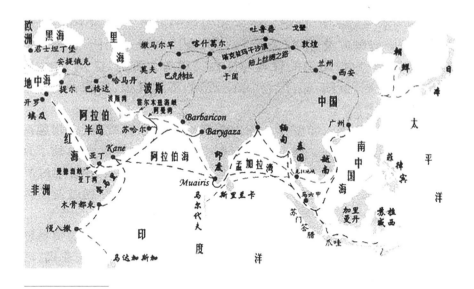

明代以前的远洋航线

　　隋唐时期，继隋文帝开广通渠后，南北大运河成立，使得黄河与长江流域得以相通，既推动了漕运的发展，也促进了造船业的繁荣。

　　宋元时期，航海方面开始使用指南针导航，造船技术方面运用"车船"，速度很快，进退方便。

　　明代，造船业的发展达到了另一个高峰。在海防方面，由于倭寇的侵略，使得明初的海防造船增加。明代中后期，各类型的海防船大量运用，为前代所无。在海运方面，明初承元代海运，虽在运量上不及元代，但在海运船只建造上也是相当可观，曾经有过一年建造一万余艘的记载，远远超越前代。在海上贸易方面，明代中后期更是发展迅速，民间与日本、东南亚，甚至是来自于欧洲的葡萄牙、西班牙、荷兰，都有极密切的贸易往来，国际贸易兴盛，

车船是在桨的基础上加以改进和设计的，桨用手力，而车船使用脚力，是古代一项重大的船舶技术发明

多的是运输船只。明朝造船工场有与之配套的手工业工场，加工帆篷、绳索、铁钉等零部件，还有木材、桐漆、麻类等的堆放仓库。当时造船材料的验收、船只的修造和交付等，都有一套严格的管理制度。正是有了这样雄厚的造船业基础，才会有明朝的郑和7次下西洋的远航壮举。

不亚于宋元时期，各地海船的建造，有不同的性能和特色。

据一些考古的新发现和古书上的记载，明朝时期造船的工场分布之广、规模之大、配套之全，是历史上空前的。造船厂遍布长江沿岸与东南沿海，为了维持长期稳定的船只数量，大规模的船厂开始出现，主要的造船场有南京龙江船场、淮南清江船场、山东北清河船场等，且有船舶建造方面的书籍的刊行，实为前代所无。各地造船厂生产最

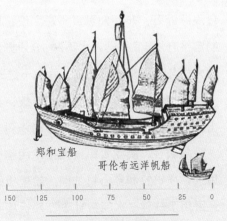

郑和宝船

哥伦布远洋帆船

150   125   100   75   50   25   0

郑和宝船和哥伦布远洋帆船对比

1405年7月，明成祖正式派郑和为使者，率领240多艘海船、27400名船员的庞大船队出使"西洋"，拜访了30多个包括印度洋的国家和地区，加深了明王朝和南海（今东南亚）、东非的友好关系。每次都由苏州刘家港出发，穿越马六甲海峡，横渡印度洋，郑和最远到达非洲东海岸和红海沿岸。郑和的7次航行说明当时我国造船术和航海术已经有很高的水平。

造船工艺的两项重大发明

　　明代漕运主要实行河运。用于河运的是一种 400 料（料当作石解）浅船，这种船非常适应运河水浅的情况，万历初河道总督万恭说："祖宗时造浅船近万，非不知满载省舟之便，以闸河流浅，故不敢过四百石也。其制定平仓浅，底平则入水不深，仓浅则负载不满，又限浅船用水不得过六拿，伸大指与食指相距为一拿，六拿不过三尺许，明受水浅也。"

　　明初粮船最多时达到 10855 艘，其中浅船就有 10509 艘。在宋金河道出土的这艘古船就是一只运粮的浅船。其结构简单，但工艺精细。它的主龙骨与艏柱、艉龙骨纵向连接采用钩子同孔的木作技术，而横向结合则采用了铁质铲钉和穿心钉加固。舱壁板则采用了暗榫和铁锔连接工艺，船底还采用了一种"水泥密封法"，船板接缝用白灰、桐油和麻丝制成捻料灌封，船体由 13 道横隔板把船平均分割成多个船舱，隔板厚度达 10 ～ 12 厘米，每道隔梁用三四块木板榫接而成，并与船肋骨紧密结合在一起，舱内采用水密隔舱壁。

　　水密隔舱是中国古代造船工艺上的一项重大发明，也是造船技术的一大突破。因为水密隔舱壁的出现，才产生了水密隔舱，使船舶在破损时具有足够浮力和稳性。水密隔舱一是能起到加固船体作用，增加船体构造强度；二是将舱与舱之间严密分开，在航行中，即使有一两个舱破损进水，水也不会流到其他舱；三是将船舱划分成许多舱室，对货物的装卸、管理和分类比较方便。不同的货主可以同时在不同的舱区中装货和取货，提高了装卸的效率，又便于进行管理。

船尾舵是中国古代造船技术的另一项重大发明。船尾舵是设在船尾正中改变和稳定船只航向的装置，古人称舵为"凌波至宝"，它是由船尾浆演变而成，通常由舵叶、垂直舵杆和水平舵柄组成。我国出现真正意义上的舵大约在公元 2 世纪，到唐宋时期船尾舵日臻完善和成熟。唐开元年间郑虔所画的山水画中出现了具有垂直轴系的舵，到了宋代则出现了平衡舵和可随水深浅而升降的升降舵。在宋金河道林姝河出土的这艘古船的船尾清晰可见两根水平的舵柄，但是舵叶、垂直舵杆不知什么原因都没有了。用于河运船只上的舵，因河水浅，舵叶设计成扁而宽，舵叶因而不会触到河底受损，直到今天，舵仍然是船舶的主要操纵工具。

明朝初期发达的造船业，带动了船的维护和保养。

因为中国多为木制船，航行时间一长，就会结构松弛，板木腐朽。特别是当时河道航行条件较差，急流险滩常有之，经常会损坏漕船。每遇急

泉州湾后渚海船的水密隔舱（取自《中国古代的造船和航海》）

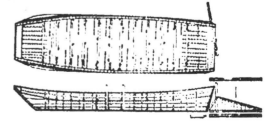

船尾舵

宋代远洋货船 福建泉州出土

流，"一艘挽拽几至二三百人"，如"缆中断，舡随粮摧，一舟撞损而尾后者三五相继，粮糈生命须臾归之鱼腹"。运河上还有许多土坝石坝，漕船经过时需用绞车拖过，也会损伤漕船。因此明政府规定木制船使用一定年限就需修理改造。

漕船按用木质量规定修造年限。小坏则小修，大坏则改造。在宋金河道出土的这艘明船底部和船壁都没有破损，说明它在当时也得到了很好的维护和保养。

中国古代货船大都为木质结构，保存难度很大。1973年，在福建泉州曾出土宋代远洋货船，非常遗憾的是现在所能看到的，只是这条货船残留的一个底部。1984年在山东蓬莱水城小海清淤过程中挖掘出来的元代战船，只保留下底部船板和大部分舱隔板，其他部分都没有了。

相比之下，明代漕船是我国古船中保存最完整的一例。它的底板、舷板、舱壁板、隔板、甲板，甚至桅杆都残存着，非常难得！第一舱内还放置着一个铁锚，锚高160.36厘米，上有铁环，四爪，锚上刻有"甲字五百六十号八十五斤""洪武五年造□字一千三十九号八十五斤重"等字号的铭文。洪武是明代朱元璋的年号，从器铭我们得知这艘船是明代洪武初年制造的。

而船锚编号"一千三十九号"说明当时船的建造数量是相当可观的。

在经过秦汉和唐宋两个发展高峰以后，明朝的造船技术和工艺又有了很大的进步，登上了我国古代造船史的顶峰。明朝造船业的伟大成就，久为世界各国所称道，也是我国各族人民对世界文明的巨大贡献。只是到欧洲资本主义兴起和现代机动轮船出现以后，我国在造船业上享有的长久优势，才逐渐失去。

明代经济的"命脉"——河运

明朝初期为了供应北方和辽东等地军队给养的需要，恢复了海运。但是由于航道生疏，气候条件千变万化，船只经常发生沉没事故。例如永乐元年（1403）由江南运粮到直沽，全年总量为60多万石，安全运达的只有49万多石，沉没、损失的粮食占总运量的17%。明朝统治者对于改善海运也采取了一些措施，比如在沿海地区增设一些航行标志，白天用标旗，晚上用灯光，指挥船只进出；广泛采用磁石指南针等航行仪器，来辨识航行方向；专门建立船只避风的场所，并对海运线路进行了多次探测，等等。

但漕运延期、漕粮漂没、运军溺死等海运艰难之状仍常常发生。到了嘉靖（1520—1566）年间，倭患成为举国震惊的大事，最终导致明政府下令海禁，规定"片板不许下海"。尽管成化至嘉靖间复海呼声渐高，尽管之前通过海道北运的粮食每年都在 100 万石左右，但禁海得到了皇帝的支持。这种情况下，明政府大力修造平底浅船，设置闸坝与水柜，设立水次仓等一系列措施，河运逐渐取代海运。

永乐年间，明政府动员了山东百姓 16.5 万人，耗时 200 天时间，对济宁至临清之间长达 385 里的一段运河进行了整治，将汶水、洸水注入运河以增加运河的水量，并以南旺口为最高点，使运河水南北分流。北段建闸 17 个，南段建闸 21 个。经过这次整治，大运河又能南北畅通了。永乐十三年，建造了 3000 只木船投入河运，使河运大大加强。此后海运即告停止，漕运全由运河承担。

为了鼓励河运，嘉靖（1522—1566）年间，曾明令规定：每条漕船准许携带货物二成，自由在沿途贩卖；并允许漕船沿途招揽货源，代客运输酒、布、竹木等大宗货物，往来贸易。这样一来，大运河便成为当时南北交通的大动脉，沿河城市如德州、临清、东昌、济宁、淮安、扬州等，都成为当时全国有名的商业城市。

从经济角度来说，大运河对明朝发挥着命脉的作用。虽然我们早已知道这条水道在国家财政经济中起着主要的作用，但是明朝廷对它的依赖程度是前所未有的，远远超过了以前的历代王朝。元朝时期的运河只不过是海运的辅助交通，无关紧要。而在明代，就自然环境的制约而言，海运多风浪，陆行多费脚价，大规模的远途陆运，劳民伤财，成本太高。而海运尽管成本低，但面临"放洋之险""覆溺之患"以及胶莱河的水源和浮沙问题。相比较而言，京杭运河航线虽然也存在水源问题，也需要大量的人力物力来维持，但随着水源的妥善解决，平底浅船的修造，闸坝、水柜和水次仓的设置，使该线路成为当时情况下最好的选择。因此大运河是京城和江南之间唯一的交通运输线，所有供应都要经过它。在供应名单中，除了谷物占据首要地位外，其他物品包括新鲜蔬菜和水果、家禽、纺织品、木料、文具、瓷器等中国生产的各种物品都通过大运河进行输送。整个明代，这种依赖性一直存在，从未中断。

这艘在宋金河道林姊河内发现的明船是用来运输什么货物的呢？

在这艘明船的船舱东面，考古人员发现文物 174 件，可分为铜、铁、瓷、陶、骨、料器数类，计有兵器、马具、生活用品等。其中值得注意且数量最多的是军用物品，比如有刀 4 件、剑 1 件、矛头 2 件、箭镞 20 件、头盔 2 件、甲片多片、马镫 5 件等等，在这品种繁多的军用物品中最特别的是 1 件铜质火铳，它长 44 厘米，口径 3.9 厘米，这是首次在明代的古船上发现火器。

出土的铜火铳

由于此船出土了大量兵器，特别是这件铜质手持火铳，以至于最初考古人员误认为这是一艘兵船。但这只手持火铳威力很小，只相当于一个单兵火枪，其威力与现在的小手枪差不多，就算它是一艘兵船，那像这样的装备不应该就一支，再说这艘船也没有当时兵船的楼子，在它的 13 个舱位中，两个是居住舱，还有两个被桅杆占用，其余的都是货舱。所以从总体来看，这艘船的主要功能不是用于打仗，而是运送粮草，船上的武器只是用来保护船和货物的安全。船上的铜质火铳有"杭州护卫教师……"的字样，又有浙字背文的铜钱，因此这艘船应为明政府用于漕运的漕船。

那这艘 600 多年前的大船又是怎么沉没的呢?

据史料记载,洪武年间这一代没有水战,可以推断这艘船不是因战争而沉没的,最大的可能是天遇不测,搁浅于此。

另一种可能是突遇黄河决口,被洪水淹没。据《梁山县水利志》记载:"明太祖洪武元年(1368),黄河决,寿张县城圮于水,城西形成(大)汴河。"另据《梁山县水利志》记载:"明洪武元年(1368),寿张县城移至旧县南15 里。"此次黄河决口,洪水冲开寿张城西门,于城西汇成支流,被称为汴河。汴河成为宋金河的一条岔河。宋金河可能是当时的漕运故道。由于多年的黄河决口,宋金河河床淤泥堆积,当漕船在执行"漕运"返航时误入岔河导致搁浅,再也没有驶出而被淤埋地下。船上的炮是浙江铸造的,又有"浙"字背文铜钱,它大约由浙江而来。船发现时头向东南,推测船是在返航时沉没的。正是由于淤泥的掩埋,使得沉船的各个部位没有遭受其他外来力量的破坏和分解,比较完整地保存了下来。

课本上对于大运河有惜墨如金的寥寥数语:由隋炀帝开凿,北到北京,南到杭州,长达两千多公里。对于历经 2500 年、饱经风霜的大运河来说,这样的认识失于简单。事实上,大运河的历史就像一部跌宕起伏、典故繁多的故事片,一两句话何以能述其全貌?

这艘承载人类文明的明漕船,反映了明代先进的造船技术,显示了中国古代船匠的聪明才智,见证了那一时期中国繁荣的漕运历史。

让我们想象一下明代大运河繁荣的景象:河道行驶的官船、商船、舟船日夜往来于运河之上,帆樯如林,舟船如练,船工摇桨击水,拉纤号子响彻云霄,码头上货物堆积如山,商贾云集……

本篇撰稿人:朱 华

⑮ 诗书画的雅集盛宴
——清·《柴门倚杖图》

文物级别：一级

材　质：绢本

制造年代：清（1644—1911）

外形参数：画心纵35.8厘米、横100厘米

出土时间：清代著名宫廷画家禹之鼎（1647—1716）的代表作之一

收藏情况：山东博物馆馆藏

推荐理由：禹之鼎和王渔洋，一个是供奉内廷的"肖像国手"，一个是位列九卿的高官衙吏兼领袖文坛的"一代诗宗"，此画印证了两位在不同领域对时代产生重大影响的人物的交往。画面笔墨细腻、敷色淡雅，具有很高的艺术价值和文献价值

　　《柴门倚杖图》是一幅诗书画结合在一起的绢、纸手卷。全卷由三部分组成：第一部分为纵35.8厘米、横114厘米的书法家陈奕禧的题字："寒山秋水"；第二部分是全卷的中心，为清代康熙年间著名画家禹之鼎绘纵35.8厘米、横100厘米的《柴门倚杖图》；第三部分为尾纸部分的题记，由渔洋山人9位门生的诗文书法作品构成。内容都是讴歌赞美禹之鼎高超的画艺和王渔洋高远清尚的情操。这一部分纵35.8厘米、横141.5厘米。

　　画心绢本设色，题跋为纸本。款识：新城王老大人命，广陵禹之鼎写于金台。钤印：禹之鼎印（白文），慎斋（朱文），押角印：逢佳（朱文）。

这幅手卷的收藏者和捐赠者是原山东省人民政府副主席、副省长苗海南先生，1951 年由他本人亲自捐赠给山东省文管会，后转入山东博物馆。

苗海南先生是山东桓台人，新中国成立前是山东最大的民族工商实业家。据苗先生的女儿苗淑菊回忆，收集名人字画是其父的业余兴趣，尤其到了晚年对字画简直达到酷爱成癖的地步，常常痴迷地举着放大镜在古画上移来移去，欣赏和鉴别真伪。苗海南先生收藏了不少珍品，他常对子女们说这是国宝，以后要捐给博物馆。

1966 年史无前例的"文化大革命"开始了，"革命闯将"把挂在墙上的名画付之一炬。屋里古瓷器被砸得支离破碎，屋外焚烧字画的黑灰飞扬了两天两夜。苗海南先生在病榻上以痛苦内疚和悲愤的心情看着眼前发生的一切，带着困惑和不解撒手人寰。

肖像国手，人以画传

禹之鼎（1647—1716），字上吉，一字尚基，一作尚稽，号慎斋，本籍扬州府兴化县人，后寄籍江都。因扬州、江都古称广陵，故自署常称"广陵"人。以画供奉畅春园。擅山水、人物、花鸟、走兽，尤精肖像。由于所绘肖像形神兼备，禹之鼎被誉为康熙年间的"肖像国手"。

关于禹之鼎的生平，画史记载极简略："幼微贱，落拓不偶。"十余岁时禹之鼎曾为李氏"青衣"，即童仆。"初为李氏青衣，公事毕，窃弄笔墨，主人教其专习绘事。"李氏为扬州府兴化县四大姓之一，是明末吏部尚书李春芳后裔，族人多善绘画。禹之鼎在李家当童仆，主人教其习画，这应是他最早的画业启蒙。

　　禹之鼎临摹过宋元明诸家大量的山水画作品，如赵孟頫的《鹊华秋色图》、范宽的《溪山行旅图》、王蒙的山水画、黄公望的《九峰雪霁图》、赵伯驹的《三多图》轴等等。在临摹过程中他积累了宝贵经验，并用这些山水画画法为其肖像画配景。《扬州画舫录》记载禹之鼎肖像画的艺术风格："写真多白描，不袭李公麟之旧，而用吴生兰叶法，两颧微用脂赪晕之，娟媚古雅。"

　　禹之鼎在康熙二十年（1681）入京官鸿胪寺序班，官位虽很低，但他专做绘肖像的工作，与一般序班不太一样。当时清朝国力强盛，藩属、外邦不断来人朝贡，他们均由鸿胪寺接待，每次来朝觐见的主要官员，都要由画家绘肖像留底，禹之鼎即任此职，因此在他的绘画里，有不少作品是描绘宫廷重大活动的。

　　禹之鼎因经常参与接待事务颇受康熙皇帝的器重，不时会得到康熙皇帝的一些赏赐。禹之鼎非常有心，把皇帝赐予的书籍、砚台精心画下，并自题《赐书研图》（现藏于北京故宫博物院）。康熙二十年（1681）冬，琉

清，禹之鼎《柴门倚杖图》全卷

球来使请封，禹之鼎也随册使到琉球。这是禹之鼎一生中最显赫的事迹。

据《柴门倚杖图》卷陈奕禧的款识可知此图绘于庚辰年左右即康熙三十九年（1700），禹氏时年53岁，正是笔法开始由细秀圆转向沉着精练、挺健流畅迈进的时期。禹之鼎作画一方面意在创新，另一方面又极力学习与借鉴刚传入中国的西洋画技和理论，同时继承明代肖像画家曾鲸的"注重墨骨及零散处瘦而不纤、挥洒处浓而不浊"的画风。通过广采博取和融会贯通，禹之鼎的肖像画创作达到了得心应手、形神兼备的程度，而且形成了多种风格面貌，与专攻一科一派的肖像画家相比，禹之鼎自然成为出类拔萃的佼佼者。在禹之鼎所绘《竹浪轩图卷》（现藏于北京故宫博物院）中，曾有多人题诗盛赞他的肖像画技艺高超，其中祁隽藻题诗赞曰"妙手鸿胪为写真，江郎画笔亦殊伦"；陈祖范题诗赞曰"世间纵有徽之辈，看此终须问主人"；王村任题诗赞曰"凭谁为觅徐熙笔，添我从旁看竹来"。

禹之鼎作画常用"必逢佳士亦写真"白文印，取杜甫《丹青引赠曹将军霸》诗"偶逢佳士亦写真"句化用之，由此可见他的刻画对象都是儒雅高洁之士。《柴门倚杖图》的压角印"逢佳"应是"必逢佳士亦写真"的缩写。

作为宫廷画家，禹之鼎还为吴伟业、宋琬、朱彝尊、王翚、宋荦、王原祁、高士奇、纳兰性德这几位清初著名文人词臣和画家多次画过肖像画。这些像主，既有清朝贵族，又有汉人学者，他们在文坛、书画、鉴藏以及各自的领域内都是领袖人物，在政坛上又大多具有显赫的地位。王渔洋以及吴伟业、宋琬、汪懋麟、朱彝尊、宋荦等清初有重大影响的诗人和书法家的肖像能传诸于世，皆赖于禹氏传神妙笔。同时为这些显赫当时、影响后世的重要作家绘像，无疑也提升了禹氏的知名度，正所谓"人以画传"。

禹之鼎晚年声誉卓著，功成名就，但仍孜孜不倦地拓展画路，试创新格。他重新认真临摹前人名迹，从中探索新画法；在肖像画领域辛勤耕耘的同时，还广泛涉足仕女、花卉、山水等，力求开拓新题材。禹之鼎高超的艺术成就得到同行们的肯定，成为兴化人的骄傲：康熙三十三年（1694），画家宋荦在禹之鼎为康熙时的状元韩菼所作《松溪洗砚图》上题诗赞曰："广陵禹生真好手……""扬州八怪"李鱓在自画的《墨竹图》上题诗："吾乡禹之鼎，鼎足高铁岭。"

郑燮在乾隆二十八年（1763）《丛竹图》所作长题中叙述道：

吾邑善画竹者，以禹鸿胪为最，而渔庄尚友次之。禹竹称于上都，渔庄之名遍于湘、楚，

《柴门倚杖图》 所画王渔洋像

皆童而习之，老而入妙……予既出机轴，亦复远追禹、尚二公遗笔，是不独郑竹，并可谓之尚竹、禹竹，合是三家……

板桥对禹之鼎的评价不可谓不精妙！

邈然尘外心，独立苍山暮

此幅《柴门倚杖图》肖像是按照王渔洋本人的意思，以唐代王维的诗句"寒山转苍翠，秋水日潺湲。倚杖柴门外，临风听暮蝉"为主题而作，这首诗也被禹氏写在画面右上角。作者所描绘的是一位年事已高、饱经宦场风云、面有倦容、两眼深邃很有洞察力的文人。布局、用笔、赋色都与诗句情趣相一致，人物与环境的安排都与主题相协调，称得上是一幅构思严谨、笔墨周到之作。

因为肖像画不同于山水画和花鸟画，画家可以率性发挥，好的肖像画是像主和画家良性互动的结果。王渔洋是当时的名流，对画像的布局安排自然会有自己的要求，禹氏按照他的设想勾勒出作品的梗概，离席后再细细作画，完成之前还要和像主共同商量，以期达到最佳效果。这个过程只有相处融洽，才会合作得愉快。

《柴门倚杖图》画像主王渔洋美髯潇洒，戴斗笠，着长服，倚杖微笑而立，有若思状，显示出渔洋山人的优雅诗意。其衣纹用柳叶描，轻逸飘洒而又流利灵动。人物面部及手足等细部则施以工笔，面部采用明代肖像画家曾鲸的墨骨画法：用墨线勾出轮廓后，根据不同对象的肤色和不同部位的深浅，用淡墨和淡赭石按面部结构层层渲染，以显现出结构上的明暗凹凸变化。这种以色晕为主的画法，略带西法，一定程度上提高了肖像画的质感和立体感，人物形象饱满而神形兼备，呼之欲出。人物背后有柴门绿柳，柳树下方一丛小草，是补景。旁边是湖水，碧波荡漾，溪流向远处淡化，跳跃的浪花让人仿佛听到了潺潺的水声，把动植入静的画面，更增添了山中的寂静。近景葱郁的丛林、横卧的青山施以重彩，层层渲染；隔湖远山无际，淡墨勾出，略施颜色。青绿山水，是禹之鼎常用笔法。白描和工笔穿插并用，整个作品画面人体比例恰当、光线透视明显、构思用色奇巧，令人赞叹折服。

禹之鼎和王渔洋，一个是供奉内廷的"肖像国手"，一个是位列九卿的高官衔吏兼领袖文坛的"一代诗宗"，两位同时代历史人物的交往可谓顺理成章。在两人交往的 20 年间，禹之鼎为王渔洋画过许多肖像画，有据可考的还有：《城南雅集图》（现藏日本东京国立博物馆）；人们赞誉为中国传世人物画之一的《王士祯放鹇图卷》（现藏北京故宫博物院）；《禅寂图》（仅见于民国图书）；《荷锄图》（现藏美国）……据张庚《国朝画征录》记载：康熙三十五年（1696），禹之鼎曾为王渔洋画戎装小照，王石谷补景，陈香泉题名《北征扈从图》。后人缪荃孙在端方寓中见过此画，并有著录。不过该件作品至今未见实物。由这些画作可见两人之间的友谊是十分深厚的。

展开这幅手卷，一股静谧柔和的氛围慢慢升腾，任你被尘世烦扰得多么躁动不安，静观此画，相信都能安静下来。作者用简约朦胧的画笔，对主人公远离喧嚣的人群、退隐山林的心态做了写意的勾勒，通过人与自然的交流传达出一种感悟和心有灵犀，营造了"何必丝与竹，山水有清音"的静穆悠远、自然冲淡的意境。这种向往山林、向往幽静的题材是禹之鼎为王渔洋所画肖像画中经常出现的。这种神韵，如果不是画家深知王渔洋的为人本性，是不会绘得如此传神的。加之禹之鼎一生中与众多文人墨客的交游耳濡目染了他们的文人气质与情调。禹之鼎在为王渔洋绘《放鹇图》（现藏于北京故宫博物院）中曾把王渔洋和陶渊明相比，画卷题诗：

五柳先生本在山，偶然为客落人间。

秋来见月多归思，自起开笼放白鹇。

从《柴门倚杖图》和禹之鼎为王渔洋所作其他画像可以看出：禹之鼎很少绘无背景的单身立、坐像，画作也鲜有人为雕琢或理想化、概念化的痕迹。他的肖像画，往往把人物置于特定的情节和环境之中，展现主人公的具体活动和生活环境，力求真切反映他们的行为举止和思绪心态，因此富有真实性和亲切感。这种情景肖像图的传统手法，禹之鼎运用得娴熟自如。他还根据被画对象的诗意来构图，《柴门倚杖图》所绘场景和右上角王维的诗句结合得惟妙惟肖：柴门常常表现隐居生活和田园风味，倚杖则表现年事已高和意态安闲。柴门之外，倚杖临风；听晚树鸣蝉、秋水叮咚；看渡头落日、墟里孤烟，画中人物那安逸的神态、潇洒的闲情，和"策扶老以流憩，时矫首而遐观"的陶渊明颇有几分相似。《柴门倚杖图》着力刻画人物的表情，传情写照人物思想。《柴门倚杖图》突出地反映了禹之鼎作品的艺

禹之鼎绘《放鹇图》局部

术特色：配景有致，构思巧妙，用笔精练。

偶然欲书语　情深高天杳

　　《柴门倚杖图》完成后，王渔洋门人争相题咏，王渔洋的号召力和凝聚力可见一斑。这些题咏，把它们放在画中是整幅艺术作品的一部分，分离出来，又是可以单独阅读的文学作品和书法作品。诗书画结合在一起，珠联璧合，相得益彰。既增强了画的形象性，又触发人们更多的艺术联想，由此增添了审美情趣，深化了作品的主题，完整地体现了中国文人画的艺术特色。这是世界各画派中绝无仅有的一支，也是中国画家追求的绘画最高境界。

读赏《柴门倚杖图》，品佳画、诵诗文、味珍迹，一个个学子雅士的形象和传奇飘然而出。按照题跋居手卷位置的先后，整理如下：

陈奕禧题：庚辰六月　寒山秋水。

黄山画派代表梅清的侄孙梅庚承题：秋原紫翠自层层，望表寒烟夕照澄。好景当门谁拾取？先生闲倚一枝藤。一树垂杨蘸碧痕，乱山高下赴衡门。谁知负杖行吟者，便是城南韦杜村。

陈奕禧跋文：远水苍山好处寻，翛然扶杖出秋林。先生高趣吾能说，应有含风饭露心。

其后还有朱载震、王丹林、蒋仁锡、查嗣瑮、查嗣庭、查慎行、查昇等人的题咏。这里不一一展开介绍，只介绍其中一二。

其一，陈奕禧

手卷天头有陈奕禧题"庚辰六月　寒山秋水"，款识："渔洋夫子命题，海宁门人陈奕禧"。钤印：陈奕禧印（白文），六谦（朱文）。引首印：梦墨楼（朱文）。王渔洋的多幅肖像画的卷首均由陈氏题写画名，比如山东博物馆的《幽篁坐啸图》和前文提到的《北征扈从图》等，可见师生关系的不同寻常。

在天头和画心之间的隔水处有陈奕禧为《柴门倚杖图》题写的名字："倚杖图　庚辰六月，海宁门人陈奕禧拜题"。还有几行小字："余日藏《秋江晚棹》立帧，係禹上吉为渔洋写照。乙丑秋携之南游，为友人陈乐山坚索去。丁卯冬复得此卷，静坐展玩，如对故人，不禁欣喜欲狂。"款识："庚午冬适生记于自在香馆"。钤印：保世（朱文），引首印：家承赐书（朱文）

这些字句应为一收藏者所写，此人和他提到的"陈乐山"待考。从他的题句可以看出这幅手卷曾称为《秋江晚棹》图，是他和陈乐山的挚爱。

陈奕禧《柴门倚杖图》题跋

墨（朱文），臣亦禧（朱白文），引首印：家在刘郎花坞车（朱文）。

陈奕禧自幼爱诗作诗学书，工书法诗词，以书法名天下。他的书法深得康熙帝赞赏，因此虽无科举功名，却被破格召入直南书房。陈奕禧初学董其昌，但他对米芾书法用力也很多，着意于结体变化。康熙、雍正、乾隆三帝都喜爱陈奕禧的书法，康熙帝曾请他在宫中写了大小字三幅，并赏赐他御制楹联。陈奕禧和姜宸英、汪士铉、何焯并称康熙书坛四家。就这幅《柴门倚杖图》的题字来说，"寒山秋水"4个大字是隶书，沉着浑融。落款使用稳逸的小楷，全字气势和神韵表现得出神入化。陈书融汇诸帖，自成一体，有"用笔千古不易之正宗""翰墨妙当代，海内翕然"之誉，号称"香泉体"。此幅手卷题跋为陈奕禧晚年之作，随心所欲的书势在文采流宕的诗中信手拈来，自信洒脱而水到渠成。

陈奕禧在梅庚诗写之后还题有一段跋文："远水苍山好处寻，翛然扶杖出秋林。先生高趣吾能说，应有含风饭露心"。款识："庚辰中秋，海宁陈亦禧承题"。钤印：梦

其二，查氏兄弟及子侄

查家是明清以来江浙四大家族之一，以文为业，书香传家。康熙年间创造了"一门十进士，叔侄五翰林"的科举神话。康熙赐联"唐宋以来巨族，江南有数人家"，勾勒出对查家的盛赞。

查慎行、查嗣琛、查嗣庭，兄弟三人都曾拜王渔洋为师学诗。三人中以大哥查慎行诗名最大。查慎行诗学苏轼、陆游，用笔劲练，运思刻入，不流于滑易；讲究音节色泽，又兼得唐诗的好处。他的洗练工整、生动传神的作品，显示了他丰富的人生阅历，深厚的艺术素养，具有与众不同的特殊魅力。查慎行最擅长七律，骨力雄健、沉郁苍凉，七绝景观鲜明，意蕴含蓄；古体诗受苏轼、白居易影响较深，笔酣墨饱，云气淋漓。查慎行

陈奕禧 《柴门倚杖图》卷首题字

陈奕禧 《幽篁坐啸图》题名

前承渔洋，下启袁枚，力主空灵淡脱的性灵诗歌。

查嗣瑮，查慎行二弟，赋性警敏，早解音韵。其诗精妙，与兄齐名，时人比作宋代"二苏"。

查嗣庭，查慎行三弟。得隆科多赏识，累官至内阁学士兼礼部侍郎。后来，雍正帝为铲除隆科多一派的势力，借口他所出的试题"讽刺时事，心怀怨望"，抄家查出的日记中"语多悖逆"，将其逮捕。查嗣庭最后在狱中自尽。亲族、弟子多人受株连。

查昇，查慎行的侄子。书法秀逸，得董其昌神韵，小楷尤为精妙。康熙帝称赞说："他人书皆有俗气，惟查昇乃脱俗耳。用工日久，自尔不同。"查昇办事谨慎勤敏，备受康熙帝器重，康熙帝赐第西华门，并御书"淡远"堂名。他虽是查慎行的侄辈，却与之同年，情若手足，常有诗文酬赠，叔侄俩声名齐扬，合称为"大小查学士"。时人称查昇书法、查慎行诗、朱白恒画为"海宁三绝"。

查慎行、查嗣瑮、查嗣庭和查昇组成了清初诗坛引人注目、享誉海内的查氏诗人群。海宁查氏在科举、仕宦、学术及文学方面都取得了引人瞩目的成就。海宁一地，清朝时属杭州府，这里学风鼎盛，民风淳厚，名人辈出，文化望族簇拥迭现，为文化之邦，人文渊薮。查氏家族又有其一脉相承的诗书经史的文化积累，在地域和家族文化熏陶下，查氏家族人才辈出，子弟大多在文学艺术领域建树颇多，能诗能文，擅书擅画，尤其在诗歌创作方面取得了辉煌成就。虽两遭"文字狱"，却凭依着深厚的家学家风保持门第不衰。

海宁因书院众多，学风浓厚，因此，一些著名学者常来此讲学，黄宗羲就在此讲学5年，查慎行兄弟即为其弟子。北游太学时，慎行与查昇一起又成了诗坛领袖王渔洋的门生。而与王渔洋合称"南朱北王"

的朱彝尊作为查家之姻亲又与查慎行、查嗣琏诸多表兄弟过从亲密，常有诗歌唱酬。由于家族成员长期生活在相同的环境，彼此间吟咏啸歌，切磋诗艺，因此在创作技法和风格面貌上有较大相似性。

作为禹之鼎代表作之一的《柴门倚杖图》卷，不仅体现了他的绘画成就，而且为研究清初的书法和诗歌流派之一的神韵诗提供了宝贵的资料。从这个意义上说，《柴门倚杖图》卷无疑具有较高的研究价值。

诗是无形画，画是有形诗，"李侯有句不肯吐，淡墨写作无声诗"。黄庭坚这句诗是对文人画的褒奖，也可以作为本幅手卷的评价。人与景，诗与墨，思与情，在一幅作品里浑然一体。江山可易，文脉永存！

　　谁与先生置一丘，柴门以外即沧洲。残露红上鲤鱼尾，远水澹于雄鸭头。

　　风定垂垂绿杨影，雨余咽咽凉蝉秋。几时真赋遂初去，容我来随撰杖游。

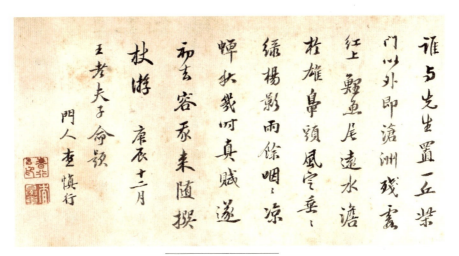

查慎行《柴门倚杖图》题跋

东路频年忆角巾,香山多恐是前身。此中或有寻诗诀,我是先生撰杖人。
高云远水雨无心,山到东坳色转深。苦为千秋添白发,莫从图画更行吟。

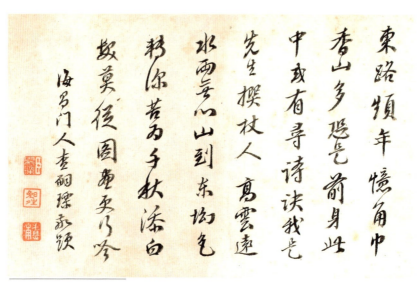

查嗣瑮《柴门倚杖图》题跋.

曳杖闲吟夕照边,
晚风不动两行蝉。
此中合有归田兴,
直为苍生迟几年。
曲折绿堤一水通,
濛濛柳色涨东风。
角巾野服南庄外,
谁信扶筇是令公。

查昇《柴门倚杖图》题跋

本篇撰稿人:鲍艳囡

⑯ 松竹相映间画尽人生
——清·《双松图》

文物级别：一级

材　　质：纸本

制造年代：清（1644—1911）

外形参数：画心纵201厘米、横101厘米

出土时间：清代著名画家郑燮（1693-1765）的代表作之一

收藏情况：山东博物馆馆藏

推荐理由：《双松图》通幅气势俊迈，布局精巧。岭岭苍松，用笔飘逸通
　　　　　透，有傲然挺立之势；挺拔细竹，施墨浓淡相宜，显瘦劲孤高之
　　　　　姿。全画融诗、书、画、印于一体，实为书画精品

《双松图》画中松竹苍劲挺拔、书法洒脱遒劲，书、画结合，相得益彰。加之保存完好，品相俱佳，是郑板桥传世作品中难得一见的珍品。

《双松图》1954年入藏山东博物馆。20世纪80年代初，在全国书画巡回鉴定活动中，经过著名书法绘画艺术家启功、徐邦达、谢稚柳等人评估鉴定，《双松图》被定为珍贵文物一级。

　　《双松图》是郑燮（号板桥）在乾隆二十三年（1759），送给好友肃翁的作品。画中双松苍劲挺拔，树旁是几枝细竹及怪石、兰花。竹子清瘦，孤直，墨色水灵，浓淡有致。构图上，松、竹、兰、石错落分明，相互映衬。松、竹、兰花、怪石组成的画面，别具一番自然情趣。左上角有题文：

　　乾隆二年丁巳，始得接交于肃翁同学老长兄，见其朴茂忠实，绰有古意，如松柏之在岩阿，众芳不及也。后十余年再会，如故。又三年复会，亦如故。岂非松柏之质本于性生？春夏无所争荣，秋冬亦不见其摇落耶！因画双松图奉赠。弟至不材，亦窃附松之列，以为二老人者相好相倚，借之一证也。又画小竹衬贴其间，作竹苞松茂之意，以见公子孙承承绳绳，皆贤人哲士，盖朴茂忠实之报有必然者。乾隆二十三年，岁在戊寅三月二日，板桥弟郑燮画并题。

奉赠老长兄的图轴

　　遒劲挺拔、立于石上的松树象征着同学老长兄肃翁。松树四季常青，伟岸挺拔，往往又有沧桑古朴之相，历岁寒而不凋，有坚忍不拔之意。这正与郑板桥同学老长兄肃翁的品行相吻合，"朴茂忠实，绰有古意"，"春夏无所争荣，秋冬亦不见其摇落耶"。之所以为双松，一正一依附，郑板

清·《双松图》局部

桥把自己比作那棵依附的松树，一方面表达了对同学老长兄肃翁的敬仰之情，是郑板桥学习效仿的榜样；另一方面也描绘了两个老朋友的友情，紧密相连，相好相依。"弟至不材，亦窃附松之列，以为二老人者相好相倚，借之一证也。"当然，郑板桥把同学老长兄肃翁和自己比作历岁寒而不凋的松树，也是借景抒发一种不屈不挠、坚忍不拔的情怀。

画中点缀其间的竹子，正如作者本人题诗中所言，"又画小竹衬贴其间，作竹苞松茂之意，以见公子孙承承绳绳，皆贤人哲士，盖朴茂忠实之报有必然者"。在这里，作者把竹子比作了肃公的子孙。古时结婚人家大门上常贴"缘竹生笋，梅结红实"的对子，那是因为，"笋"同"孙"谐音，代表子子孙孙。郑板桥用竹子的茁壮成长预示着肃公的子子孙孙，兴旺发达，都是"贤人哲士"，如竹子般挺拔俊秀，繁衍生息，而这又都是肃公"朴茂忠实"的必然结果。

总览全画，松与竹都有强烈的象征意义与所指，松的坚韧、竹的俊秀，既是对肃公、郑板桥本人精神的阐述，也有对后辈的殷切希望。画的象征，题诗的明指，抽象与具体的结合，意指与所指融洽，正是这幅画的精妙所在。

作此画时，郑板桥时年66岁，此时他早已辞官客居扬州，专心写诗作画，可以说正处于艺术创造的巅峰时期，《双松图》是这一时期代表作。另外《双松图》弥足珍贵之处还在于，它并不是迎来送往的应酬之作，更不是郑板桥明码标价待售的商品，而是发自内心，饱含对挚友真情实感的艺术创作。

郑燮之印　　　　　二十年前旧板桥　　　七品官耳　　　　　丙辰进士

试想可知，古稀之年，当阔别十几年的挚友意外相逢时，作者是怎样的狂喜与兴奋，回想过去交往的点点滴滴，情景交融，郑板桥一蹴而就，把几十年的友情借着墨芬书香、依着苍松修竹宣泄出来。

郑燮（1693—1765）

暗藏人生志的印章

《双松图》上共钤印章 5 枚，分别是题诗后的钤白文"郑燮之印"，朱文"二十年前旧板桥"，右下角有白文"七品官耳"，朱文"丙辰进士"，暗藏了郑板桥一生的志向。另外有一收藏印钤在画面左下角，为白文"苍雪斋印"。

印章作为传统篆刻艺术的载体，与历代的书画艺术作品有着不解之缘。

在书画作品上用印章，主要是作为凭信或用于鉴别真伪。这其中以书画家本人的印最为重要，鉴赏印次之；而收藏家的鉴藏印则对考证书画作品的流传有着一定的作用。自宋元以来，文人书画开始讲究题款与用印，如清代著名画家吴昌硕就认为：

> 书画至风雅，亦必以印为重。书画之精妙者，得佳印益生色。

与雪婆婆同日生

郑板桥一生所用印章多达 90 多枚，有的标明时间、地点，如"与雪婆婆同日生"的印章，标明他是 10 月 25 日与雪婆婆同日出生的；有的记事，如乾隆皇帝巡游山东时，善于书画的郑板桥应诏随行并得到乾隆皇帝赏识，封为"书画史"，郑板桥也以此为豪，常常携带"乾隆东封书画史"的印章以自赏；有的标明身份，像"郑燮之印"，就是标明郑板桥身份的印章，也是最为重要的印章；更多的印章则是言志，如"二十年前旧板桥"，是郑板桥富贵归来时，索画之人踏破门楣，令郑板桥不仅想起 10 年扬州卖画无人问津的窘境，于是愤然刻下了"二十年前旧板桥"以自嘲。其他如"七品官耳"则是郑板桥 12 年为官时候所刻印章，前后刻的还有"十年县令""潍夷长"等，是其 10 年官宦生涯的真实写照。

乾隆东封书画史

郑燮之印

十年县令

总的来说，郑板桥的每一方印，都浓缩了他的人生历程。从技法上来说，郑板桥的印章

潍夷长

唐仰杜（1888-1951）

别名唐路岩，山东邹城人，早年毕业于山东公立政法学校，京师译学馆，后中举人授学部七品京官。抗日战争时期，济南沦陷后做了山东省伪省长，当了汉奸，解放后1951年被枪毙。

笔力古朴，苍劲有力，书体上是"六分半书"，具有较高的艺术价值。

"苍雪斋印"是一枚收藏印，向世人揭示了《双松图》的流传历程。"苍雪斋"是日伪时期山东伪省长唐仰杜的斋号。唐仰杜叛变失节，为人所不齿。但他精于书画，是个收藏大家，所藏亦多是精品。新中国成立后，唐仰杜的收藏多方辗转，最终被山东博物馆接收，《双松图》就是唐仰杜收藏的珍品之一。唐仰杜非常喜爱郑板桥的这幅作品，亲自为其装裱，并写了签条。整幅画装裱精良，用工考究，与郑板桥原画相得益彰。《双松图》在流传的过程中辗转较少，又被珍藏者精心呵护，后又被及时收归山东博物馆，从而得到了很好的保护。

闻名于后世的三绝

"三绝诗书画,一官归去来。"可以说是郑板桥一生最为贴切的概括总结,做官虽起起伏伏、坎坎坷坷,但是其诗、其书、其画却号称三绝,闻名于世。

郑板桥是清代"扬州八怪"之一。清代中期,康乾盛世时代,那个时候扬州画坛活跃着一批学识广博,在诗、书、画上都有较高造诣的书画家。其中较突出的就是号称"扬州八怪"的郑燮、汪士慎、高翔、金农、李鱓、黄慎、李方膺、罗聘等8人。"扬州八怪"虽以卖画为生,却绝非单纯的"画匠",而是有着独特的艺术追求:强调"师造化""用我法",反对"泥古不化",作"无古无今之画",在当时的画坛形成了一股破除陈规、标新立异的风气。因为他们的作品个性鲜明,背离传统,不为一般人理解,所以得名"八怪"。郑燮的诗中就有类似的表达,所谓:"下笔别自成一家,书画不愿常人夸。颓唐偃仰各有态,常人笑我板桥怪。"

同时,"扬州八怪"人生经历相似,或一生布衣,或有入仕经历,又都因不满政治黑暗而弃官,在历经坎坷后均选择了寄情笔端,借以抒发胸中的不平之气,他们的绘画题材又以梅、兰、竹、菊所谓"四君子"最受推崇。而郑板桥翰墨五十余年间,所画者不外乎竹、石、兰、草,又以竹、兰最多，恰与所谓"四君子"相合。

1. 一绝画

秀竹

"四君子"中的竹，因其虚心直节，四季常青，为历代文人墨客所钟爱。文人画竹始于唐代的王维，历宋代文同、元代吴镇，至清中叶，"扬州八怪"中的李方膺、郑燮均以擅画竹而名，这其中郑燮成就尤为突出。

郑板桥画竹，行笔爽劲，一气呵成，痛快淋漓；竹干瘦而腴，秀而拔，粗细相间；竹叶团簇有致，水墨满幅，然其妙在墨分五色，浓淡相宜；竹子或高或低，或浓或淡，疏密不一。表面略显凌乱，实则错落有致；用笔随意，却不失竹子神韵。

郑板桥善于画竹，原因很多。一则郑板桥一生喜爱竹子，常在居所处种竹，有所谓"板桥无竹不入居"的说法。由于对竹子有着长期深入细致的观察，并倾注了深厚的感情，因而能把竹子画的或是惟妙惟肖，或是神形兼备。二则因为郑板桥勤于学习，师法古人。他学习先人名家大作，并不是简单地临摹，而是学习画竹之意，画竹之神，画竹之法。南宋郑思肖、明代陈古白俱是画竹大家，郑板桥却没有专门去学习。因为若学则会学死，落入窠臼。明代徐渭、清代高其佩虽不善画竹，却因立意深远，风格神韵独特，构图谋局多变而深受郑板桥喜欢。郑板桥学画竹，重在神韵。三则郑板桥画竹，师法自然，浑然天成。郑板桥学习画竹有个独到之法，他家种竹，竹子倒影时常映在纸窗、粉壁上，郑板桥灵机一动，直接铺上纸，临摹起竹子倒影来。郑板桥专门写诗说明："风和日暖，冻蝇触窗纸上，冬冬作小鼓声。于时一片竹影凌乱。岂非天然图画乎？凡吾画竹，无所师承，多得于纸窗、粉壁、日光、月影中耳。"如此学得画竹之法，自然是洒脱而

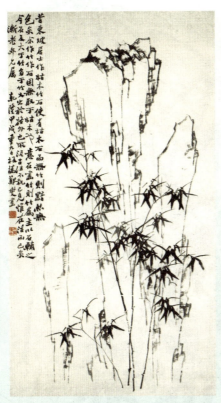

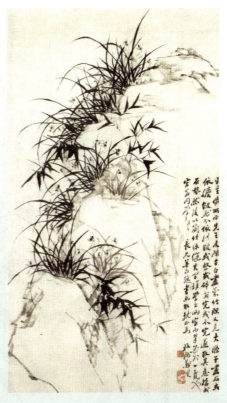

竹石图 纸本墨笔

兰竹石图 纸本墨笔

上海市博物馆藏

扬州市博物馆藏

无造作之感，可谓浑然天成。

幽兰

郑板桥爱竹、画竹，对兰花亦如此。他在《板桥题画·兰》中写道："余种兰数十盆……来年忽发箭数十，挺然直上；香味坚厚而远……"郑板桥笔下的兰花，是生长在高峰或悬崖上的兰花，秀劲潇洒，天趣横溢；以重墨草书之笔，尽写兰之烂漫天性，浓墨写叶，廖廖数笔，洒脱而功力深厚，

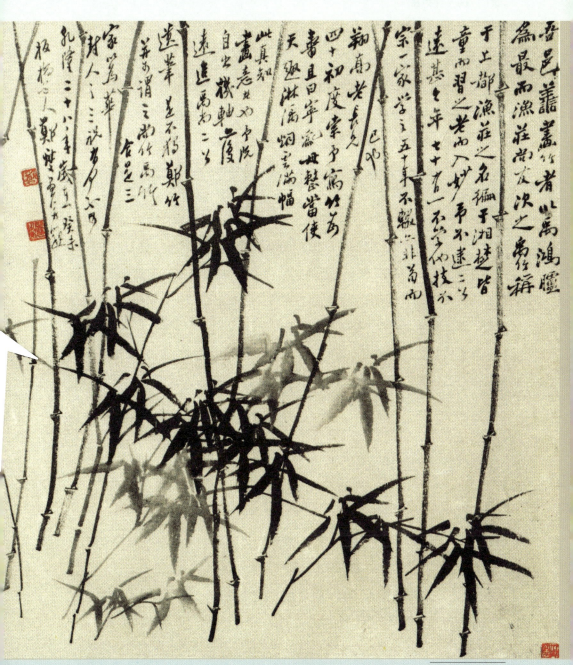

丛竹图　纸本墨笔

沈阳故宫博物院藏

淡墨点写花朵，独具清幽风致。

郑板桥画兰也是因为喜爱兰花的芳香之气，欣赏兰花的高洁品质。郑板桥把兰花看作君子，激赏兰花在困苦中坚持本性的坦荡，他在《荆棘丛兰石图》中这样描述心中的兰花："满幅皆君子，其后以荆棘终之，何也？盖君子能容纳小人，无小人亦不能成君子，故棘中之兰，其花更硕茂矣。"

怪石

郑板桥画石，初学石涛、万个，后博采诸家，在师古的同时又不完全摹古，从而形成了自己的画石风格。他笔下的石头，是乱石、怪石、丑石，所谓"燮画此石，丑石也；丑而雄，丑而秀"。郑板桥画石用笔迅捷，依形布势，常以白描的笔法勾出轮廓，再作少许横皴或淡擦，平稳中有聚散敧侧，形式多样，不拘一格，往往出奇制胜。

郑板桥画石，同样出于爱石："非唯我爱竹石，即竹石亦爱我也。"郑板桥爱石之体静、有骨、有德，将石比作君子、雅朋，因而常画石明志。

2．二绝书

郑燮的书法，和他的绘画、诗词一样，标新立异，造诣非凡，并自名为"六分半"书。

所谓"六分半"书，时人又称之为"板桥体"，是因隶书中有一种笔画多波磔的书写方式叫"八分书"，而板桥独创的书法与此有相似之处，也是在隶书的基础上，"增减真隶，别为一格"，故有此名。

"六分半"书，以楷书、行书、篆书、草书等字体，融入隶书的书写技法中，用笔挥洒自如，雄健洒脱，不拘泥于形式；笔势狂纵而又超逸，充满着兀傲沉稳的气韵，好像奇石处于大浪和风涛之间，纵横错落，令人唏嘘赞叹。

郑板桥写的大多是行书，但点横竖撇捺间，吸取学习了隶篆的风采。

他字中的中竖，往往骨力劲拔，宛若坚韧挺拔的劲竹，而伸展的长撇又宛似兰叶，俊秀而柔美。郑板桥在笔画转折处，常由快到慢，并使用蹲笔，古朴而敦厚。他的长捺，似若刀锋山谷，稍纵即收，跃然纸上，力透纸背。早年郑板桥因为科举考试的关系，效法欧阳询，学习匀整秀媚的"馆阁体"，因而《清史列传》说他"少工楷书"，应是有所依据的。对此，郑板桥曾说："蝇头小楷太匀停，长恐工书损性灵。"于是考取进士之后，郑板桥开始研修魏碑，他给弟弟郑墨写信说："字学汉魏，崔蔡钟繇；古碑断碣，刻意搜求。"亦是一佐证。后来郑板桥意图在书法有所突破，不再模仿他人，他取黄庭坚之长笔画入八分，夸张其摆宕，"摇波驻节"，单字略扁，左低右高，姿致如画。又以画兰竹之笔入书，求书法的画意。清人蒋士铨说他"写字如作兰，波磔奇古形翩翩"，生动地道出了"板桥体"的特点和神韵。

郑燮行书轴 纸本墨笔
山东博物馆藏

谈到这里就不能不提到郑板桥艺术创作的一大特点，那就是以字作画，以画写字，直至画字交融。

郑板桥所谓"以字作画"，就是把书法的技巧运用到绘画中去。

首先，他仿效黄庭坚，把其书法神韵吸收到了绘画中来："鲁直不画竹，然观其书法，罔非竹也。瘦而腴，秀而拔；欹侧而有准绳，折转而多断续。吾师乎！吾师乎！其吾竹之清癯雅脱乎。"

然后，又把书法的行款、用墨的浓淡、布局的疏密借鉴于绘画实践中，所谓"书法有行款，竹更要行款；书法有浓淡，竹更要浓淡；书法有疏密，竹更要疏密"。所以看郑板桥的画，特别是竹子，有时会有一种书法艺术的神韵。"要知画法通书法，兰竹如同草隶然。"这正是郑板桥的精妙所在。

同时，我们看郑板桥的字，也仿佛在看一幅画：字体有胖有瘦，有大有小，有长有短；布局高低错落不同，行间疏密有别，前后参差不齐；结体扁形，又多夸张，肥瘦大小，或歪或斜。各式字体更是掺杂其间。有的似若兰花，有的则如翠竹般瘦硬，似画非画，似字非字。若一言概之，怎一个乱字了得，这大概是外人看郑板桥字第一眼的印象。然而细细品来，郑板桥的字在看似毫无章法、无序中流露出一种天然的一气呵成，错落有致，字虽乖张，却融洽。这种章法，有人称之为"乱石铺街"；有人称之为"浪里插篙，不离不碎，不散不结"。再看换行留白：虚实相生、黑白相间；疏不至远，密不至杂；不挤不空，各得其宜。通篇杂而和谐，乱而有序，生动形象，活灵活现。

郑板桥的字，若没了画的衬托，便少了几分灵气，多了几分乖张。同理，他的画，若没有了字的点缀，一样少了几分神韵，多了一些俗气。这大概是郑板桥书画创作的一大特色。

我们再来看看《双松图》中板桥的字，从总体看，通篇的字以行书为主，夹以隶笔，有的为古体，有的则是草书，总而言之正是郑板桥所谓"六分半"书。从字的大小看，最大的字是"画双松图"的"画"字，且用浓墨重写，最小的则是"二"字，字形相差数十倍。大小随心，但和谐匀称。就字的形体看，有的特扁如"秋"字，有的特长如耶字，尾笔拉得特长，颇有余音未了、感慨赞叹之意。有的特宽如"双"字。纵然一个字，也往往上下不一，如"双松图"中"双"字上宽下窄，"窃"字则偏旁特别大。"画双松图"4 字，全诗中近乎最大，且有意加黑加粗，显然作者有强调之意，突出此画之主题，明确此画之名称是《双松图》。其余各字，各自乖巧，有的洒脱，有的古朴，有的矜持，有的则豪放。行间字距也各不相同，留白收尾则参差不齐。虽然不甚整齐，也不规整，但你却看不出凌乱，字里行间反而透漏出一种古朴。与双松、修竹、怪石交相呼应，相得益彰。

3. 三绝诗

传统的中国画，往往集诗书画于一体。自北宋苏轼、米芾等人提倡"诗不能尽，溢而为书，变而为画"以来，画家往往自觉不自觉地将诗字画印化作一炉，融为一体。进而托物言志，抒发情怀，以求引起读者的联想与共鸣。但是说是这么说，真的想做到如此，往往颇有难度。而郑板桥恰是以"诗书画"三绝闻名，其艺术作品中诗、书、画三者有机交融，构成一个整体，给人以完美的艺术享受。这其中除去以兰草画法写字，用书法技巧画竹外，更借画中题诗明志。我们不仅可以通过画中的题诗得窥板桥的作画之道，且能体会到画者的人生感悟。

郑板桥一生所写诗作甚多，但单独创作的诗并不多，多数诗是绘画时候，作为题画诗一并创作出来的。郑板桥存世的诗作多是题画诗。

郑板桥题画诗的形式，灵活多样：有长题，有短题，有横题，有竖题；

有的画为主、题为辅，有的则题画各半，甚至题诗占的篇幅多于绘画。题诗书写的地方，并不拘泥于画的上角或下角，能左能右，忽上忽下，有时候甚至藏于画中，竹石之间，真正做到了诗画一体交融。题画诗用词并不华丽，甚至有些口语化，可以说是通俗易懂，简单明了。字句虽不华丽，但是意义却不浅显。诗中有作者的喜怒哀乐，有作者的抱负情怀，也有作者的人生感悟。所谓"文如其人"，郑板桥质朴平实的诗也正是其性格的体现。

如《竹石图》中所题："咬定青山不放松，立根原在破岩中。千磨万击还坚劲，任尔东西南北风。"画中，紧紧抓住岩石岿然屹立于劲风中的竹子，与"咬定青山不放松，立根原在破岩中"的诗句相互呼应，画即诗，诗也是画。后一句"千磨万击还坚劲，任尔东西南北风"，更是把原本一种常见的自然现象，提升到了做人做事的原则上，提升到了对一种坚忍不拔精神的赞叹上。这便是诗画交融的典范之作。这里与其说诗为画做注脚，不如说画为其诗做阐释。只能算是诗配画了。

孔子曰："岁寒，然后知松柏之后凋也。"《双松图》中挺拔多姿的翠竹和坚忍不拔的青松，正是好友肃翁及郑燮生平的写照。郑板桥一生画竹、画兰、画石、画松、画菊、画梅，因为竹兰梅菊等和他一样高洁而又傲风霜。其书似画、似诗，其诗亦似画、似书，其画也似书、似诗。其书，其诗，其画，虽然一分为三，其实一也。松竹相映间，画尽雅致人生，这就是郑板桥。

启功先生在《论书绝句》第八十八则咏郑板桥时说：

二百数十年来，人无论男女，年无论老幼，地无论南北，今更推而广之，国无论东西，而不知郑板桥先生之名者，未之有也。

本篇撰稿人：李　宁